Knaur

Gerald Drews

# Wie man kleine Räuber zähmt

Knaur

Gerald Drews

# Wie man kleine Räuber zähmt

150 Erziehungstipps für glückliche Jungen

www.knaur.de

**Bibliografische Information: Die Deutsche Bibliothek**
Die Deutsche Bibliothek verzeichnet diese Publikation in der Deutschen Nationalbibliografie; detaillierte bibliografische Daten sind im Internet über http://dnb.ddb.de abrufbar.



Co-Autorin: Louise Loos
Projektleitung: Caroline Colsman
Redaktion: Sabine Dietrich, München
Layout, Satz und Herstellung: Dagmar Guhl
Umschlaggestaltung: ZERO-Werbeagentur, München
Umschlagillustration und Illustrationen: Klaus Müller, Augsburg
Reproduktion: Premedia, Wels
Druck und Bindung: GGP Media, Pößneck
Printed in Deutschland

ISBN 3-426-66947-1

# Inhalt

# Vorwort

## Ein paar einleitende Worte

Gerade eben war der Kleine noch im Kindergarten. Und jetzt ist Paul »schon erwachsen« – zumindest ist er selbst davon felsenfest überzeugt. Warum? Weil er in die Schule geht und *unheimlich* viel lernt!

In der Tat: Die Zeit von sechs bis zwölf Jahren, die mit dem Schuleintritt bzw. dem Wechsel auf eine höhere Schule zusammenfällt, bringt so unendlich viel Neues mit sich, mehr Selbstständigkeit, einen Energieschub und einen Zuwachs an Wissen. Nicht nur, was die Schule betrifft. Auch das soziale Gefüge erweitert sich, die Kinder üben das Leben mit Gleichaltrigen ein. Dazu gehören die Rabauken auf dem Schulhof – unter ihnen unser eigener Räuber – ebenso wie das erste, schüchterne Schwärmen für ein Wesen vom anderen Geschlecht.

Mann zu werden und zu sein ist gar nicht so leicht, und unser Sohn wird Hilfe, Liebe und Lob von unserer Seite noch eine ganze Weile brauchen. Wir Eltern sind es ja, die Interessen wecken und vor allem fördern können. Wir Eltern vermögen zu zeigen, dass Freizeit mehr ist, als Maustaste oder Fernbedienung zu strapazieren. Nicht zuletzt sind wir es, die unseren Kindern Werte wie Fairness, Rücksicht, Ehrlichkeit, Zielstrebigkeit und Respekt vermitteln.

Dieses Buch soll Ihnen, liebe Eltern, Anregungen und Tipps liefern, wie Sie Ihren Räuber besser verstehen und fördern, wie sie ihm aber auch unliebsame Angewohnheiten austreiben. Geschrieben aus der Perspektive von Gleichgesinnten mit all den tagtäglichen Problemen, die in dieser Zeit vor der eigentlichen Pubertät auftauchen. Mit vielen praktischen Tipps, anschaulichen Beispielen und Informationen – und nicht zuletzt natürlich einer kräftigen Portion Humor.

*Gerald Drews*
September 2004

## 1. Kapitel

# Bitte und Danke – ein Trauerspiel

Seit Ben, neun Jahre alt, die Schule besucht, ist er ein Mann. Und echte Männer, so lehrt ihn unter anderem ein gewisser Timo auf dem Schulhof, haben es offenbar nicht nötig, um etwas zu bitten. Das Wort »Danke« kommt in deren Vokabular logischerweise auch nicht vor. Höflichkeit? Ist anscheinend etwas für Memmen oder Mädels. Wozu soll so ein Räuber in der Straßenbahn von seinem Platz aufstehen? Damit eine alte Frau sitzen kann? Ist doch unbequem. »Wozu sind Manieren und Rücksicht gut, wenn nur ich die hab'?«, fragt sich Ben. Wird der Junge am Ende auch eine ungehobelte Rübe? Wenn Sie folgende Tipps beherzigen, verwandelt sich Ben zwar nicht in einen kleinen Lord (das wäre auch nicht mehr ganz zeitgemäß). Doch eine offene, natürliche Höflichkeit können Sie ihm damit durchaus näher bringen …

Das Ganze ist übrigens notgedrungen ein Reizthema: Nicht allein in Schulen wird ein Verlust von Fairness, Takt- und Mitgefühl beklagt. Benimmunterricht oder Konflikttraining sollen – etwa im Saarland mit Hilfe des Comicpaars Max und Lena unter dem Titel »respekt & co« – diesen Defiziten abhelfen. Es besteht also, wie es so schön auf Neudeutsch heißt, Handlungsbedarf.

In erster Linie jedoch sind und bleiben Eltern verantwortlich für eine frühe Erziehung, die auf solche Dinge Wert legt. Es ist nach wie vor das Zuhause, das den Grundstein für ein gutes und faires Miteinander legt. Kinder sind gelehrig und ahmen unser Verhalten gerne nach. Falls es also bei uns selbst mit Respekt und Rücksichtnahme hapert, dürfen wir uns nicht wundern, wenn es auch der Nachwuchs nicht besser weiß. So schwer gutes Benehmen manchmal fallen mag – wir sollten mit gutem Beispiel vorangehen.

»Erzähl' mehr von zu Hause«, war denn auch Tante Annas galliger, aber immer höchst wirksamer Kommentar, wenn ein Kind in ihrer Gegenwart rülpste. Denn sie hatte damit immer die Lacher auf ihrer Seite – und der Rülpser, der eigentlich für Aufsehen sorgen wollte, das peinliche Nachsehen. Wo wir gerade beim Thema sind: Jedes sechste Kind kann es nicht ausstehen, wenn neben ihm gerülpst wird! Das ergab eine Umfrage des Nürnberger Sailer-Verlags unter 1200 Schülern. Schlechte Manieren kommen nämlich auch bei Kindern untereinander nicht gut an. »Bitte«, »Danke« sowie »Entschuldigung« halten 95 Prozent der Schüler für wichtige Benimmformeln. Leider ist es oft so, dass die anderen fünf Prozent das Klassenklima bestimmen, wie dies bei Ben der Fall ist.

Was also kann man einem Jungen wie ihm sagen, der am Sinn von gutem Benehmen zweifelt?

- Kinder wollen gut behandelt werden: Das bedeutet einen freundlichen, liebevollen Umgangston zu pflegen sowie eine häusliche Atmosphäre zu schaffen, die das Bedürfnis nach Gemeinsamkeit, aber auch Rückzug erfüllen kann. Kinder dürfen Freude oder Dank erwarten – ob sie uns nun das fünfte schielende Kastanienmännchen oder ein winziges Blumenherz gebastelt haben. So haben Sie erste gute Argumente parat, wenn der Sprössling die Frage stellt: »Wozu soll ICH mich gut benehmen?«
- Höflichkeit öffnet die Tür zu vielen Vorteilen im Leben. Weil sie das soziale und private Miteinander erleichtert. Weil der Respekt vor dem anderen oder Schwächeren wichtig ist – viele Kinder wissen davon ein Lied zu singen. Weil man sich hin und wieder ein paar Gedanken über die Bedürfnisse oder Motive anderer Menschen machen sollte. Weil man selbst auch froh ist, wenn einen der Schaffner nicht anbrüllt, die Politesse nicht anraunzt oder der Halbstarke auf dem Fußweg nicht provoziert. Weil man sich schließlich so verhalten soll, wie man selbst behandelt werden möchte. Klingt bestechend einfach, ist es aber leider nicht. Das weiß jedes Kind.
- Kinder und Erwachsene mit schlechten Manieren haben es nicht nur schwerer im Umgang mit anderen Menschen, sie besitzen auch weniger Chancen auf ein Weiterkommen. Das fängt schon in der Schule an, wo Stoffel allenfalls untereinander für Furore sorgen. Doch es endet spätestens in Ausbildung und Beruf, vom Freundeskreis ganz zu schweigen. Ben findet diesen Timo ja auch nicht

gut. Gleichzeitig aber fürchtet er sich vor ihm und traut sich nicht, ihm als Einziger die Meinung zu sagen. Obwohl auch er insgeheim denkt: »Eine kleine Lektion in Sachen Manieren könnte dem nicht schaden.« Doch Ben möchte nicht wegen seiner Höflichkeit als Außenseiter abgestempelt werden. Hier ist Fingerspitzengefühl gefragt und unter Umständen ein Gespräch mit dem Klassenlehrer.

- Eine Gruppe pflegt einen gemeinsamen, oft rüden Umgang – und meist gibt bei Jungs einer wie z. B. Timo den Ton an. Ben fügt sich, obwohl er sich dabei oft unwohl fühlt. Im Kindergarten sagte einer der Großen zu ihm: »Du bist ein ... loch.« »Nein«, sagte er lächelnd, »ich bin Ben. Und du?« So etwas entwaffnet (meist). Machen Sie Ihrem Kind Mut, zu sich selbst zu stehen! Trainieren Sie verbale Möglichkeiten, um unhöfliche Menschen mit Humor zu entwaffnen. Erklären Sie ihm, wie eine Gruppe funktioniert, und was echte Leitfiguren von Angebern unterscheidet.
- Auch bei Tisch offenbart sich, wie es um die Manieren bestellt ist. Natürlich bemerken die Kinder das. Solche Situationen verlangen nach Benimm-Basics, die bereits die Kleinsten erlernen können. Dazu zählt eine gute Haltung, also kein »Fläzen« bei Tisch. Deswegen braucht niemand ein Lineal zu verschlucken. Der Mund bleibt beim Kauen zu, denn Essen verläuft in aller Regel geräuschlos. »Bitte« und »Danke« lassen sich bei Tisch zusammen sehr gut üben.

Nicht alle Leckereien erst prüfend anzufassen und sich dann das schönste Stück zu schnappen lernt Hänschen auch leichter als Hans.

Zum Kultivieren von Tischmanieren sind gemeinsame Mahlzeiten eine gute Basis – eine am Tag sollte es unbedingt sein. Das ist nicht nur lustig, gesund und kommunikativ, sondern auch eine prima Übungsplattform. Kinder können vom Tisch aufstehen, wenn die Erwachsenen die Weltpolitik erörtern, sollten aber durchaus fragen »Darf ich aufstehen?«. Und im Vergleich zu früher braucht heute niemand mehr seinen Teller leer zu essen; von allem nur einen winzigen Bissen zu nehmen und gleich darauf Gummibärchen wie ein Hamster in den Backen zu horten geht allerdings auch nicht.

- Wenn Kinder sich zusammennehmen, sieht das bekanntlich anders aus als bei Großen. Jedes zappelige Viertelstündchen weniger, jedes schüchtern gehauchte »Bitte« oder das Verteilen SEINER Lieblingsschokolade mit Tränen in den Augen ist ein großer und schwer zu erringender Sieg über sich selbst – also Anlass für ein Lob! Kritik entmutigt, wenn sie zu früh und zu – ja, genau! – unhöflich geäußert wird. Sätze wie »Du bist eben ein Tollpatsch« oder »Du warst schon immer gierig« sind dann besonders gemein, wenn ein Kind sich nach bestem Wissen und Gewissen um Benehmen bemüht.
- Jeder kann und wird sich mal daneben benehmen – auch Erwachsene. Es ist also keine Katastrophe, wenn Kindern ein Malheur passiert. Schwierig wird es nur, wenn all-

mählich alle Erwachsenen befremdet gucken, weil Herr Bach offenbar selbst nicht merkt, wie ungezogen sein kleiner Max ist. Bei aller Aufmerksamkeit, die Kindern zusteht: Auch Max sollte andere Menschen wenigstens *einen* Satz zu Ende sagen lassen, ohne sie zu unterbrechen. Er lernt so immer *besser* zuzuhören – eine Eigenschaft, die ihm später zu Gute kommt. Ebenso wenig muss Max ständig im Mittelpunkt stehen, andere haben dasselbe Anrecht auf Beachtung wie er.

- Am Telefon, beim Begrüßen und beim Abschied können auch kleinere Kinder Höflichkeit und Herzlichkeit zeigen. Die Zeit von Dienern oder Knicksen ist ja gottlob längst vorbei. Doch sich freundlich mit Namen zu melden bzw. mit einem fröhlichen »Guten Tag« oder »Hallo« zu grüßen ist auch Kindern möglich. Es geht weniger darum, was Kinder nun genau *sagen*. Ein offener Blick und das Wahrnehmen des Gegenübers ist viel angemessener, als eine Höflichkeitsfloskel mit abgewandten Augen an den Mann oder die Frau zu bringen.
- Bei Weihnachts- oder Geburtstagsgeschenken darf es durchaus ein Dankesbrief sein. Auch wenn man schon zwölf Jahre alt ist! Ob gemalt, gebastelt oder später in Form einiger handgeschriebener Zeilen spielt dabei keine Rolle. Meist scheuen Großeltern oder Freunde keine Kosten und Mühen in puncto Geschenke und freuen sich entsprechend über ein Feedback. Wie wäre es mit einer selbst gemalten Karte, auf der z. B. das neue Fahrrad nebst Fahrer mit Farbstiften verewigt ist? Ein »Danke. Tschüss«

ist hier leider etwas mager – die Botschaft käme dann so an, als hätte das Rad nur einen Lenker, aber keine Räder. Last, but not least: Wer dankt, braucht dazu Fantasie und Kreativität, fördert sie dadurch aber auch.

- Sicherheit geht *stets* vor Höflichkeit. Natürlich kann jedes Kind einer alten Dame die Tasche tragen helfen. Grundsätzlich jedoch ist es besser, Fremden gegenüber Distanz zu wahren. Das gilt keineswegs als unhöflich, sondern als üblich. Schön, wenn Kinder anderen Menschen offen und unvoreingenommen begegnen. Zu viel Zutrauen empfiehlt sich allerdings nicht. Versuchen Sie, Ihrem Kind dies zu erklären, ohne in ihm Angst vor Fremden zu schüren.
- Was die Spielregeln des zivilisierten Miteinanders in der Schule betrifft, so geht es in puncto Benehmen um die Disziplinen »Miteinander reden«, »Miteinander umgehen«, »Mein und dein« und »Verhalten in der Öffentlichkeit«. Für einen leichteren Start ins Berufsleben üben die fortgeschrittenen Jahrgänge adäquates Auftreten im Beruf beim Bewerbungstraining. Interessierte Eltern können Materialien zu diesen Themen unter der Adresse www.aktion-respekt.saarland.de im Internet abrufen.

## 2. Kapitel

# Männer und Haushalt – ein Drama

Der 11-jährige Simon hat als Kind gerne beim Abwasch oder Staubsaugen geholfen. Einmal versprach er sogar im Brustton der Überzeugung: »Mama, wenn ich groß bin, dann mach' ich dir alles.« Das, so dachte sich die Mama schon damals, hätte sie sich besser sofort schriftlich geben und einrahmen lassen sollen. Dieser Tage nämlich wäre jene schöne Absichtserklärung hoch willkommen! Denn offenbar besteht Simons Selbstfindung als männliches Wesen in erster Linie darin, »Weiberarbeit« vehement abzulehnen. Und Putzen, Saugen, Aufräumen, Wäsche sortieren IST doch Frauenarbeit, oder etwa nicht? Jüngste Erhebungen bestätigen diese nur scheinbar überkommene Ansicht. Nun sind die Söhne unsere große Hoffnung! Die werden es vielleicht sogar schaffen, ihre Väter an die Bügelbretter zu bugsieren ...

Bei diesem schwierigen, garantiert zur Unzeit auftauchenden Thema kommt so manches zusammen, was hochexplosiven Konfliktstoff birgt. Warum? Weil sich hier oft das Vaterbild bemerkbar macht. Es kann zu einer mittleren feministisch-hausfraulichen Revolte führen, wenn die Frau

Mama feststellen muss, dass sie in liebevollster Absicht und nach bestem Vorbild schon wieder einen Faulpelz herangezogen hat.

Und schon wird's kritisch: Was tut denn eigentlich der Vater des Faulpelzes? Wer von den beiden soll nun erzogen werden? Wie kann man es einem *Tweenager* (von *between* = zwischen Kind und Teenager) denn um Himmels willen schmackhaft machen, mehr für sich selbst zu sorgen? Wer ist nicht lieber hübsch faul und behütet? Nun, vielleicht gibt es ja einige Strategien, die Männer der Zukunft mit häuslichen Pflichten aus der Gegenwart aufzupolieren. Wirkungsvolle Warnstreiks selbstverständlich inbegriffen!

HEUTE SERVIEREN WIR WAS GANZ BESONDERES!

- Wappnen Sie sich mit Statistiken ! Nur so können Sie kritischen und eigensüchtigen Faultieren nüchtern beikommen. Es ist nun einmal leider nach wie vor so, dass sich bundesdeutsche Männer, große wie kleine, im Haushalt weitaus weniger betätigen als ihre Partnerinnen: Wo es bei ihnen täglich etwa 20 Minuten sind, beschäftigt sich selbst eine berufstätige Frau rund zwei Stunden damit. Zahlen, Fakten und einschlägige Studien imponieren immer – vor allem, wenn sie von den als emotional verschrieenen Müttern vorgebracht werden.
- Machen Sie sich darauf gefasst, dass Vater und Sohn in diesem Punkt wie Pech und Schwefel zusammenhalten: *Never change a winnig team !* Wollen Sie Ihren Haushalt auf *Vordermann* bringen, bekommen Sie es garantiert mit gleich zwei starken Bremsern zu tun. Deshalb sollten Sie erst einmal klammheimlich über drei Wochen Buch darüber führen, was Sie tun, was die anderen (nicht) tun und was auf Ihre sanfte Aufforderung hin geschehen ist und was nicht. Vor allem Letzteres. Denn ist ein Vergehen mit Datum und Uhrzeit minutiös verzeichnet (bitte auch evtl. Zeugen notieren), so hilft verzweifeltes wie beharrliches Leugnen nicht viel. Vor allem nicht jener an Tücke kaum zu überbietende Satz: »Du musst es halt sagen, wenn ich dir helfen soll.«
- Es sollte, allen Aktivitäten zum Trotz, einen Tag in der Woche geben, um bei einem gemeinsamen Frühstück solche Dinge zu verhandeln. Weder hungrig noch allzu satt sollten die Teilnehmer sein; das eine macht gereizt, das

andere lethargisch – obwohl man eventuell leichter seine Mitarbeit verspricht, auf dass sich die Tafelrunde in Wohlgefallen auflöse. Sie sind ja gut präpariert mit Ihrer Liste: Das Ganze kann also ohne größere Streitereien oder Hahnenkämpfe vonstatten gehen.

- Nach Einberufen jener Sitzung, in der Sie Ihr Anliegen vorgetragen haben, erstellt die Familie zusammen eine Soll-Liste. Gehen Sie einfach von einer Kooperation aus, ignorieren Sie verdrießliche Gesichter. Ein Freudentanz wäre auch zu viel des Guten verlangt. Aber es ist notwendig, nicht nur die üblichen anfallenden Arbeiten zu benennen, sondern auch die Zeit, in der sie zu erledigen sind. Wichtig: Bleiben Sie sachlich! Es geht um die *effektive* Organisation und einen *funktionierenden* Haushalt. Solche Worte hören vernünftige Männer doch immer gern.
- Achten Sie auch darauf, dass *Männerarbeit* (Erste Hilfe bei technischen Themen wie Reparaturen am PC oder Glühbirnenwechseln) sowie *Frauenarbeit* (der ganze unscheinbare Rest) abwechselnd präsentiert werden. So lässt sich Blockbildung schon im Vorfeld vermeiden. Auch ein Mädchen kann lernen, wie »frau« ein Fahrrad repariert.
- Noch darf man sich aus dieser Liste etwas Feines aussuchen, *noch* geht dies freiwillig! Wenn Simon also gerne dreimal Staub saugt (ca. zehn Minuten) anstatt eine Ladung Wäsche zu waschen (ca. 30 Minuten), so ist das für eine Weile in Ordnung. Nach etwa zwei Wochen sollten Sie die Aufgaben wechseln. Anschließend gilt es, die eher

ungeliebten Posten (Klo putzen in fünf Minuten) oder Pausenbrote schmieren (15 Minuten, je nach Raffinesse) zu verteilen. Ein Kind kann ca. zwei Stunden pro Woche mit solchen Arbeiten beschäftigt sein, ohne Schaden an seiner Seele zu nehmen. Und ein erwachsener Mann verträgt sogar selbst bei zartem Knochenbau noch deutlich mehr!

- Was tun, wenn sich Faulpelze gegen Sie zweckverbünden? Dass Ihre Herren das tun, merken Sie an diversen Verzögerungstaktiken (ich mach's morgen; ja, gleich; was, schon wieder?), Anprangern von Ungerechtigkeiten (Anni hat immer die besseren Jobs!) oder Hinweisen auf den Fleiß anderer Familienmitglieder (Papi hat seins doch auch noch nicht gemacht!). Die meisten Frauen wissen, wie schwer es ist, solchen Argumenten souverän zu begegnen! Bleiben Sie ganz ruhig bei jenen Sätzen, den noch jeder kleine und große Mann so schamlos aus dem Hut gezogen hat: »Ich mache doch gar keinen Dreck! Wo soll da Dreck sein? Ich seh' keinen.«
- Sie müssen nicht so weit gehen, Kehrbleche voll von ebenjenem unsichtbaren Dreck unter das Bett Ihres Räubers zu fegen und ihn darüber aufzuklären, warum er neuestens hustet. Niemand will, dass er Asthma bekommt. Bis aber die Regeln in Fleisch und Blut übergegangen sind, wird nicht nur kontrolliert, sondern auch sanktioniert! Beziehen Sie dazu auch die anderen Betroffenen ein: Sie werden sehen, dass es Ihnen allen Spaß macht, adäquate Arbeiten für die Sünder zu erfinden.

Wer für den Faulpelz eingesprungen ist, darf Zeit und Art der Bußarbeit bestimmen. Eklig oder beschwerlich aber sollte sie nicht sein.

- Arbeiten Sie mit dem Prinzip »Belohnung« – ohne allerdings dafür zu bezahlen. Das würde auf Dauer nicht nur Ihr Portemonnaie, sondern auch Ihren Ruf als sparsame Hauswirtschafter ruinieren. »Wenn du dein Zimmer aufgeräumt hast, können wir/kannst du schwimmen gehen. Leg dir doch schon mal die Sachen bereit.« Oder verbinden Sie das Angenehme mit dem Nützlichen: Das Zimmer kann gut mit Simons Lieblingssound wieder in eine Wohnhöhle verwandelt werden – auch wenn Sie trotz Ohropax die Flucht ergreifen.
- Was tun gegen nervenraubende Schimpftiraden, gefolgt von der Ansage »Gleich! Ich mach's gleich!« – besonders dann, wenn die Betreffenden keine Anstalten zum Handeln machen? Da hilft nur beherztes Durchgreifen: So gibt es an jedem Fernseher einen Stecker, um den Videoclips sämtlicher Chartbreaker den Garaus zu machen. Zur Not bleibt der Sicherungskasten. Das Geheul wird groß sein, aber »gleich« meint eben »jetzt gleich«. Ansonsten präzise Auskünfte, etwa: »Ich sehe noch zehn Minuten fern, dann komme ich!« Ein transportabler Wecker tut hierbei gute Dienste, damit der Knabe weiß, wie lang zehn Minuten wirklich sind.
- Ein Punktesystem mit feinen Privilegien (Kinotag!) kann auch motivieren. Für bestimmte, besonders lästige Arbeiten (Mineralwasserkästen schleppen, etc.) gibt es Bo-

nuspunkte. In jedem Fall sollten Sie noch einmal nachhaken, *was* denn mit lästiger Arbeit gemeint sein könnte. So mancher Mann, egal ob klein oder groß, faselt dann etwas vom »Außendienst«. Damit meinen sie das Schneeschippen (etwa eine Woche pro Jahr) oder Auswechseln der Garagenlampe. Die Aussage, dass etwas »Frauenarbeit« sei, kann mit Minuspunkten versehen werden oder zehn Cent in IHR Sparschwein bringen. Der Erlös geht an eine gemeinnützige Stiftung – Ihre Kaffeekasse ...

- Falls Sie einen Warnstreik beschließen, müssen Sie den durchhalten. Wenn das Chaos gefährlich überhand nimmt, ergreifen Sie einen Schrubber, schieben das Tohuwabohu unter das Bett des Frevlers – und sagen *nichts*: Schaffen Sie sich stattdessen eine kleine Oase der Ordnung und zaubern Sie ein Exklusiv-Menü nur für Streikende. Kein Räuber kommt um, wenn er drei Tage lang mit einfacherer Kost vorlieb nehmen muss. Lehnen Sie mit sonniger Miene jegliche familiären und häuslichen Pflichten ab, bis die anderen weich(er) gekocht sind: »Dann fällt das Skateboarden heute eben aus! Und zu Lars kann man auch mit der Straßenbahn fahren. Das dauert bloß eine dreiviertel Stunde. Dann musst du eben früher wieder aufbrechen.«
- Was ein Vater freiwillig tut, muss man seinen Sohn nicht ganz so mühsam lehren. Die Großväter hatten aus Prinzip noch zwei linke Hände, die heutigen Väter nur eine. Alles wird leichter, wenn der Filius sieht, dass z.B. der Vater für die Wäsche zuständig ist oder gerne das Früh-

stück bereitet. Wecken Sie, insbesondere was den Umgang mit Essen angeht, Spaß und Kreativität. Schließlich punktet ein (junger) Mann, der ein Candle-light- Dinner zubereiten kann, beim weiblichen Geschlecht ungemein.

# 3. Kapitel

# Von Bienen und Blumen – die Aufklärung

Till, neun Jahre alt, besucht gerne seinen Freund Michael. Michi hat nämlich noch zwei ältere Brüder, die Till eigentlich ziemlich cool findet. Eines Tages jedoch kommt er von einem Besuch wortkarg zurück. Erst beim Schlafengehen vertraut Till seinem Vater an, sie hätten da »so einen Film gesehen, mit nackten Leuten und so«. Während der Junge dies erzählt, hat er einen hochroten Kopf. Er scheint verwirrt und fasziniert zugleich. Zumal der Film einem jener Brüder gehörte, der sich einen Spaß daraus machte, »die Kleinen« damit zu konfrontieren und ihre Reaktionen zu beobachten.

Wie klein sind denn eigentlich »die Kleinen«? Oder anders gefragt: Was genau wissen sie bereits über Sexualität und was sollten sie wissen? Nicht immer liegen Eltern mit der Ansicht richtig, 9-Jährige interessierten sich noch nicht für Sex. Oder Kinder wüssten ohnehin schon alles Wesentliche.

Eine Faustregel gibt es nicht: Manche Jungs interessieren sich früh für das, was zwischen Männlein und Weiblein abläuft, andere möchten trotz – oder gerade wegen –

Sexualkunde seit der ersten Klasse noch sichtlich nichts damit zu tun haben. Eines aber ist sicher: Kinder werden stets zur Unzeit mit der drängenden Frage anrücken – im Restaurant, bei der Goldenen Hochzeit der Großeltern oder im voll besetzten Bus.

Wie sollten Eltern darauf reagieren? Gute Frage, denn es handelt sich dabei eben nicht um das »allernatürlichste« Thema der Welt. Ob die Eltern gelassen damit umgehen, hängt nach wie vor hauptsächlich davon ab, wie sie selbst das »Notwendige« erfahren haben – das obendrein allzu oft falsch oder zumindest unvollständig war.

UND WER IST JETZT NOCHMAL DIE BIENE?

- Die Aufklärung eines Jungen ist oft, aber keineswegs zwangsläufig Männersache: Till jedenfalls wendet sich mit solchen Fragen gerne an den Papa oder zumindest an eine nahe männliche Bezugsperson, weitaus seltener an die Mutter. Wappnen Sie sich als Mutter daher frühzeitig für dieses Thema (zusammen mit Vater oder Großvater). Dann laufen Sie im Restaurant vielleicht nicht rot an wie eine Tomate, wenn der Sohnemann dort eine »aufklärerische« Frage stellt. Wählen Sie vor allem mit Bedacht aus, wer das Gespräch übernehmen könnte, falls der Vater nicht anwesend ist und Sie sich nicht wirklich und nicht jetzt dazu in der Lage fühlen. Die Ansichten dieser Person über Sex und Erziehung sollten den Ihren allerdings möglichst ähnlich sein.
- Ein paar aktuelle Fakten zum Einstimmen. Jugendliche gaben in einer Umfrage der Bundeszentrale für gesundheitliche Aufklärung den Ursprung ihrer Informationen über Sex folgendermaßen an: Freunde (76 Prozent), Schule (60 Prozent), Zeitungen und Magazine. Nur einer von drei Jugendlichen gab an, mit den Eltern über Sex zu reden.
- Aufklärung sollte schon im Vorschulalter beginnen – natürlich dem Alter entsprechend. Ausführliche Biologievorträge oder minutiöse Schaubilder verwirren da nur. Gut gemeinte Sätze à la: »Dafür bist du noch zu klein. Das erkläre ich dir später« werden dazu führen, dass Till sich anderswo informiert – und das nicht immer zu seinem Vorteil. Eine solche Frage beruht auf Vertrauen, sie zu stellen kostet einen kleinen Räuber schließlich auch

Überwindung. Also sollten Sie dieses Vertrauen schätzen. Auch wenn der Knirps etwas völlig falsch verstanden hat, reagieren Sie in seiner Gegenwart nicht belustigt. Das Gefühl, ausgelacht zu werden, kann bestenfalls stark verunsichern. Erzählen Sie die Stilblüte diskret weiter und bewahren Sie diese für die Annalen: Irgendwann kann der Junge darüber lachen, aber jetzt noch nicht.

- Eine Faustregel ist zum einen, gezielt und ruhig *nachzufragen*. Fragt ein Kind, was »Schwulsein« ist, so lohnt sich immer erst einmal die Frage: »Wo hast du das gehört?« Meist nämlich werden sexuelle Begriffe schon im Kindergarten als Schimpfworte oder abwertend benutzt – ohne dass derjenige, der sie verwendet, unbedingt eine Vorstellung davon hat, worum es geht. Sexualpädagogen stimmen darin überein, dass Kinder heutzutage über viel Halbwissen verfügen – andererseits eine deutlich härtere Ausdrucksweise als früher verwenden. Eltern stehen dabei oft die Haare zu Berge, denn Worte wie *geil* oder *ficken*, die in ihrer Kindheit tabu waren, hört man oft schon von 5-Jährigen.
- Wichtig ist, immer nur gezielt die gestellte Frage zu beantworten. »Schwule sind Männer, die Männer lieben und mit ihnen so wie Mama und Papa zusammenleben.« Das genügt, wenn keine weitere Nachfrage kommt. Ein Kind signalisiert, wann es genug gehört hat – es wendet sich ab oder holt sein Spielzeug. Mit Wissen möchten Kinder nicht überfrachtet werden. Schließlich brauchen sie Zeit, um die Informationen zu verarbeiten.

- War Ihr Kind wie Till mit pornografischen Videos oder Internetseiten konfrontiert? Oder mit den ebenfalls nicht immer astreinen Sendungen im Nachmittagsprogramm mit Themen wie *Samenroulette – Wer ist der Vater meines Kindes?* In diesem Fall erleichtert eine frühe sachliche Aufklärung das Verarbeiten der Bilder sehr. Wer nicht gerne darüber spricht, geht auf schöpferische Weise damit um, z. B. in Form von Malen.
- Tills Mutter oder Vater sollten den großen Jungs vom Nachbarhaus die Leviten lesen und deren Eltern informieren. Solche Filme sind keine Mutprobe für Kinder. Gehört der Pornofilm indes zum Standardrepertoire dieses Haushalts, so kann gern Michi ohne Videos zu Tim kommen.
- In peinlichen oder prekären Situationen getrauen sich Kinder oft nicht, einfach aufzustehen und zu gehen, geschweige denn, so ein Verhalten vor ihren Freunden offen abzulehnen. Vielleicht ist es ratsam, für derartige Notfälle künftig eine Art Code zu entwickeln. Heißt es am Telefon: »Ist mein Päckchen gekommen?«, signalisiert dies den Eltern, dass sie ihr Kind abholen sollen.
- Aufklärung bei und von Jungs ist direkt in Anschauung und Sprache: Die Penisse werden nach dem Sport unter der Dusche begutachtet und ungeniert kommentiert. Anders als bei Mädchen spielt sich das Geschehen außen am Körper ab; Erektionen sind nun mal sichtbar. Wozu ein Kondom gut ist, kann sich der Sohnemann daher lebhaft vorstellen, ohne dass man als Elternteil dazu überragendes Zeichentalent bräuchte.

- Falls Ihre Freundin bei dem Thema behauptet: »Ach, mein Lars braucht das noch nicht zu wissen«, können Sie ihr mit ein paar Fakten aufwarten. Laut einer Umfrage des Forsa-Instituts hatte im Jahr 2002 jeder zweite 16-Jährige bereits Geschlechtsverkehr. Im Jahr 2001, so die Bundeszentrale für gesundheitliche Aufklärung, waren es noch zwischen 30 und 45 Prozent. Acht Prozent der 14-Jährigen haben das erste Mal schon hinter sich. Andererseits gibt es auch die Spätentwickler; so erleben 40 Prozent aller Jungs den ersten Sex nach der Volljährigkeit. Frühzeitige Aufklärung ist daher notwendig: auch in puncto Verhütung, Aids und Geschlechtskrankheiten.
- Aufklärung schützt besser vor sexuellem Missbrauch. Ist sich ein Kind über gewisse Dinge im Unklaren, so kann man sein Vertrauen viel leichter ausnutzen. Oft weiß es gar nicht recht, was es tut, noch was die betreffende Person mit ihm anstellt. Deshalb empfiehlt sich, bei wiederkehrenden Fragen von Kindern über Sexualität nachzuforschen, warum sie etwas so genau wissen wollen.
- Die nötige Vertrauensbasis schafft eine respektvolle und altersgerechte Vermittlung, die klare Grenzen aufzeigt, auch was Zärtlichkeit zwischen Eltern und Kindern, Verwandten oder Familienfreunden und Kindern anbelangt. Kinder müssen diese Grenzen kennen, um sich mit etwaigen Ängsten an ihre Eltern wenden zu können. Bei älteren Jungs sind ohnehin gleichaltrige Freunde auch in dieser Hinsicht die bevorzugten Ansprechpartner. Und die Eltern sind dann *out*.

- Bleiben Sie auch bei diffizileren Fragen gelassen. Auf die Frage eines kleinen Räubers beim Anblick seiner nackten Mama: »Darf ich auch mit dir Liebe machen?« könnten Sie empört nach Luft schnappen und unabgetrocknet das Weite suchen. Sinnvoller ist jedoch zu erwidern: »Nein, das mache ich nur mit deinem Papa. Du bist erstens noch ein Kind und zweitens unser Sohn. Mit verwandten Leuten hat man keinen Sex.«
- Kinder wissen sehr wohl, dass es Menschen gibt, die es (sexuell) auf Kinder abgesehen haben. Ihre Kids sollten daher generell nicht mit Fremden sprechen, irgendwohin gehen oder auf Versprechungen hereinfallen. Lieber ist das Kind unhöflich, als dass es durch allzu große Freundlichkeit oder Vertrauensseligkeit in Gefahr gerät. Falls es auf der Straße angesprochen wird, sollte es immer irgendwohin winken und laut rufen »Ja, Papa, ich komme schon«, an der erstbesten Haustür klingeln oder sich einer älteren Dame auf der Straße anschließen. Was immer es auch sei, es ist ratsamer, sich auf kein Gespräch einzulassen.
- Ein Kind sollte keinerlei Übergriffe dulden, nur weil sie von einem lieben Onkel kommen. Zunächst aber muss es wissen, was Übergriffe sind: unerwünschte Zärtlichkeiten etwa. Oder wenn verlangt wird, bestimmte Dinge vor den Eltern geheim zu halten. Bei solchen Äußerungen sollte sich Ihr Kind Ihnen unbedingt anvertrauen. Lassen Sie es mit Worten und Taten wissen, dass es sich immer mit seinen Problemen an Sie wenden kann. Ganz besonders, was solche Dinge betrifft.

## 4. Kapitel

# Fernsehen und Joystick – Medienmanie?

Haben auch Sie zu Hause einen Zapper und notorischen Glotzer sitzen wie Arne, elf Jahre alt? Ein Wesen, das sich von Chips und Nüssen ernährt, einige wenige Urlaute kennt, sich in sauerstoffarmem Ambiente pudelwohl fühlt und nur Angst hat, Sie drehen ihm den Saft für Rechner oder Fernseher ab? Ein Geschöpf, das Ihnen zwischen zwei Werbeblöcken die verdutzte Frage stellt: »Wie? Was heißt: Ihr habt früher Filme am Stück gesehen?« Und sich weiter durch hundert Fernsehkanäle, Playstations oder Gameboys zappt und klickt. Vieles davon geht einem auf die Nerven, manches ist buchstäblich zum Gruseln. Seien es nun Talkshows oder Horrorfilme, KiKa oder *Taildaters* auf MTV – ginge es nach Arne, liefe der Fernseher den ganzen Tag.

Klar: Die Faszination von Fernsehen und Computer scheint die guten alten Freiluft-Spiele weit in den Schatten zu stellen. Wir möchten unsere Fernbedienung verwetten, dass die meisten Kinder gar nicht mehr wissen, wie eine Schnitzeljagd eigentlich geht oder man Zehnerball spielt. Doch man soll und kann gegen exzessives Fernsehen vorgehen, bevor ein Verhaltensmuster daraus wird. Deshalb heißt die (un-

barmherzige) Devise für entnervte Eltern: den TV-Konsum reduzieren und kontrollieren! Schon Vorschulkinder im Alter von zwei bis fünf Jahren sitzen im Schnitt etwa 14 Stunden pro Woche vor der Glotze – und das nicht nur in Amerika. Kinderärzte plädieren mittlerweile für eine Obergrenze von höchstens zwei Stunden am Tag. Reduziert man die Sendungen auf wirklich Sehenswertes bzw. unbedingt Wünschenswertes, sollte eine Stunde pro Tag auch genügen, vor allem bei kleineren Kindern. Es gibt Alternativen – eine ganze Menge davon in der nächsten Stadtbücherei.

- Warum sieht mein Räuber fern oder hockt dauernd vor dem Bildschirm? Eine ziemlich unbequeme, aber unerlässliche Frage. Denn auch hier sind wir Eltern oft ein Spiegelbild. Läuft bei uns zu Hause sogar beim Essen die Kiste, so müssen wir uns nicht wundern, wenn wir eine Couchkartoffel erster Güteklasse heranziehen. Ist Fernsehen oder das Ballern auf dem Schirm eine reine Beschäftigungstherapie, um allzu lebhafte Kinder zu bändigen oder mal für einen Moment Ruhe zu haben? Ist es deren Langeweile, der wir als Eltern nichts Rechtes entgegenzusetzen haben? Ist es ein Mangel an Alternativen, etwa dem Spielen mit Freunden? Ist der Computer eine Flucht oder gar das Eingeständnis, ein Außenseiter zu sein? Was muss man sehen, um von den Klassenkameraden »akzeptiert« zu werden? Was kann man sehen? Was spielen? Bleiben wir zunächst bei der geliebten Flimmerkiste.
- Sie selbst prägen die Gewohnheiten Ihres Kindes – und Sie tun ihm einen großen Gefallen, wenn das Fernsehen vernünftig rationiert wird. So lästig das auch sein mag, sollten Sie sich gut über das Programm informieren und vielleicht zusammen mit der Familie einen Fernsehplan festlegen. Je kleiner das Kind, desto weniger – denn mehr wird es mit der Zeit von selbst. Was die Inhalte betrifft, müssen Sie zur Not als Testseher herhalten. Hinter harmlosen »Gerichtssendungen« verbergen sich mitunter reißerisch geschilderte Vergewaltigungen, inzestuöse Familiendramen oder proletarische Schimpfwortorgien, die nicht nur Arne schlaflose Nächte bereiten.

- Es gibt durchaus ein paar unbedenkliche TV-Kinderklassiker. Darunter die *Sendung mit der Maus* und die *Sesamstraße*, die seit neuestem mit so genannten Krisen-Spots aufklärt, z. B. über Aids oder terroristische Anschläge, also auch spielerisch und kindgerecht informiert. Ebenso die Nachrichtensendung *logo* (KiKa); sie vermittelt Kindern ab acht Jahren Fakten ohne angsteinflößende Bilder. Nachrichtensendungen wie die *Tagesschau* sind für Erwachsene gedacht und für Kinder im Grundschul- und heranwachsenden Alter eher ungeeignet.
- Kleinere Kinder laden die Eltern oft dazu ein, eine Sendung mit anzusehen. Das finden sie schöner und gemütlicher. Sie gucken also nicht so gerne allein, wie Sie vielleicht glauben wollen. Diese Chance sollten Sie nutzen! Manchmal kann das Ganze auch als Fernsehfamilienabend zelebriert werden. Einmal im Monat darf sich jedes Familienmitglied einen Film wünschen – und der wird auch gemeinsam angesehen.
- Schulkinder in Arnes Alter sollten nach etwa 18.30 Uhr nicht mehr fernsehen. Auch wenn das Geheul groß ist: Machen Sie Ihrem Kind klar, dass Sie und niemand sonst die Oberhoheit über den Fernseher haben. Falls der Räuber neuerdings so gerne abends die Großmutter besucht, sollten Sie nachprüfen, ob es nicht an der dort jederzeit verfügbaren Mattscheibe liegt. Kinder brauchen ihren Schlaf sowie ein inneres Ausruhen, für das exzessives Fernseher ebenso wenig förderlich ist wie ein aufregendes Computerspiel.

- Jüngere Kinder sollten wenig oder gar nicht fernsehen. Alles, was Sie jetzt STATTDESSEN gemeinsam mit ihnen tun – sei es ein Baumhaus bauen, eine Nachtwanderung bei Vollmond unternehmen, in die Klamottenkiste greifen und sich verkleiden oder selbst musizieren – unterstützt die Entwicklung Ihres Sprösslings. Nichts aber fördert das kindliche Sprach- und Vorstellungsvermögen mehr als Vorlesen und Vorsingen. Natürlich ist es lästig, immer und immer wieder *Die Geschichte vom traurigen Kaktus* zum Besten zu geben. Erst dadurch jedoch begreift man, wie lange Kinder brauchen, um sich mit einem Inhalt anzufreunden.
- Kinder haben zum Gezeigten keine Distanz. Alles, was sie sehen, betrifft sie unmittelbar. Das Erdbeben im fernen Asien könnte demnach auch hier, der Anschlag von Madrid auch in der unmittelbaren Nachbarschaft stattgefunden haben. Nehmen Sie solche Ängste ernst und versichern Sie Ihrem Kind: »Wir sind bei dir, egal was passiert.« Es ist nicht nötig, dabei den Afghanistankonflikt oder das Kurdenproblem genau zu erklären – Kinder brauchen erst einmal weniger Details als vielmehr ein Gefühl der Geborgenheit sowie das Wissen um Schutz und Unterstützung.
- Rückfragen sind oft spannend, um die Gedankenwelt Ihres Räubers zu erforschen: »Warum haben die Terroristen die U-Bahn in die Luft gesprengt?« »Was denkst du denn, warum sie es tun?« Auf diese Weise kommen Sie auch mal wieder dazu, mit Ihrem Kind zu REDEN.

- Schöpferische Tätigkeiten wie Malen oder das Formen von Plastilinfiguren helfen, der kindlichen Angst beizukommen: Sie können Ihr Kind immer fragen, was sein »Werk« versinnbildlicht. Auf diese Weise finden Sie wirkungsvoller als mit konkreten Fragen heraus, was nun genau Ihren Räuber ängstigt. Zeigt Arne übrigens ein Faible für Soldaten, so sind »moralische« Bedenken nicht angebracht. Fragen Sie lieber nach und lassen Sie sich das Bild erklären.
- Natürlich gibt es auch Andersdenkende, die argumentieren, Fernsehen sei wichtig, weil man sonst nicht mitreden und gleich auf den Mond ziehen könne ... Niemand will und kann das Medienzeitalter zurückdrehen, aber ein sinnvoller Umgang muss auch Kritik erlauben. Es mag ja durchaus sein, dass Computerspiele die Reaktionsschnelligkeit fördern. Angeblich sind Internet-Nutzer auch keine Einzelgänger, sondern im Gegenteil sehr sozial – wenn sie sich denn einmal von ihrem Stuhl erheben. Lassen Sie sich von Ihrem Räuber zeigen und erklären, was er gerne spielt – ohne es gleich madig zu machen. Was bedeutet TV- und PC-Konsum Ihrem Kind? Aggressionsabbau, Spannung, Geschicklichkeit, Eintauchen in eine Fantasy-Welt mit einfachen Strukturen, Leistung, Wettkampf?
- Nun zu ganz praktischen und probaten Hilfsmitteln: Fertigen Sie zum Beispiel Zettel an! Darauf steht nebst einer ulkigen Zeichnung, welche die Sanktionen bei Zuwiderhandlung anschaulich illustriert: *Bitte nicht vor 17 Uhr*

*einschalten!* Man kann für die kleinen Räuber eine Fete feiern, wenn sie eine Woche lang weniger auf den Bildschirm starren als sonst üblich. In der Fernsehzeitung markiert man kindgerechte Sendungen mit Leuchtstift. Arnes Eltern haben auch ein Recht, bestimmte Dinge zu wissen, z. B. welche Fernsehgewohnheiten bei seinen Freunden herrschen.

- Damit Ihr Räuber nicht auf eine der häufigen Schmuddelseiten im Internet stößt, hilft es, Schutzsoftware und Spam-Filter zu installieren. Vorsicht ist geboten bei *Chats* – oft tarnen sich Pädophile als Kinder, daher sollten Eltern darauf achten, mit wem und wo das Kind *online* ist.
- Für diese Regeln haben die Kids bestimmt Verständnis: Surfen dürfen sie nur innerhalb fester Zeiten, denn die Sache geht ins Geld. Cyberfreunde treffen sie, wenn die Eltern damit einverstanden sind; auch das Herunterladen von Dateien, *online* etwas zu bestellen oder die Teilnahme an Gewinnspielen sind tabu. Kindgerechte Suchmaschinen wie z. B. www.blindekuh.de oder www.kidstation.de lassen sich an Stelle von Google installieren und fördern die Recherchelust.
- Lektüretipp: Für interessierte Eltern und Pädagogen empfiehlt sich die kostenlose Broschüre *Ein Netz für Kinder – Surfen ohne Risiko. Ein praktischer Leitfaden für Eltern und Pädagogen*, herausgegeben vom Bundesministerium für Familie, Senioren, Frauen und Jugend (www. bmfsfj.de). Darin finden Sie auch zahlreiche Klicktipps zu Suchmaschinen, Kinder-Homepages, Spielen, etc.

## 5. Kapitel

# Von Männern und Hamstern

Sam, sieben Jahre alt, hat etwas von seiner lieben Freundin Natalie aus dem Nachbarhaus bekommen. Das Etwas kam an in einem stattlich großen Käfig, dazu gab es eine Tüte, die gepresstes Streu verlor, nebst diversen bunten Päckchen. Es roch irgendwie muffig. Sams Mutter hat einen Medizinerbruder, der das Elternhaus einst schon für Forschungszwecke mit Heerscharen von Meerschweinchen und weißen Mäusen zu bevölkern pflegte. So ist sie nicht grundsätzlich gegen Kleintierhaltung – was allerdings noch lange nicht heißt, dass sie sich jetzt darüber freut! Ihr schwant nämlich Schlimmes. Auf die in harmlosem Ton gestellte Frage, weshalb denn Natalies Mutter die beiden Springmäuse (denn um solche handelt es sich, selbst wenn Obi und Andi sich in ihr Haus verzogen haben) auf keinen Fall mehr will, sagt das Mädchen treuherzig: »Weil die immer so stinken.« Das hört man gern. Sam aber leistet Gelübde um Gelübde ab, er wolle selbstständig für die Mäuse sorgen. Wohin sollten die beiden Exilanten auch?

Fast alle Kinder wünschen sich sehnlichst Haustiere, vor allem Stadtkinder lieben sie. Auf dem Lande sind Tiere selbstverständlicher und rangieren deshalb – von Hunden einmal abgesehen – nicht ganz so hoch in der Gunst der Kleinen. Der Umgang mit Tieren ist für Kinder grundsätzlich eine gute Sache. Denn dabei lernen sie, dass ein Tier nicht dazu da ist, ihre Bedürfnisse, z. B. nach Kuscheln oder Schmusen, zu befriedigen. Und sie fühlen sich in ein schwächeres Wesen ein, das sich nicht mit Worten mitteilen kann.

Achten Sie darauf, dass diese Einfühlsamkeit nicht an einem kompletten Zoo eingeübt wird. Denn meist nimmt die Zahl der Tiere ohnehin zu! Entweder es gibt völlig überraschend Nachwuchs, oder andere Kinder kommen mit lebenden Mitbringseln an. Doch blicken Sie optimistisch in die Zukunft: Ein Mäuseleben dauert nicht ewig, und spätestens mit etwa 13 Jahren ist die Phase bei Ihrem Räuber wieder vorbei. Dass der Teppich in seinem Zimmer dann keine Fransen mehr hat, ist eine andere Sache.

- Selbst wenn man Sie mit Engelszungen und Kullertränen zu überreden sucht: Prüfen Sie zusammen mit Ihrem Kind, ob Tierhaltung in Ihrer Wohnung überhaupt möglich ist. So kann sich im Sommer einiges ersparen, wer einen Balkon besitzt. Wie viele Stunden täglich ist überhaupt jemand zu Hause? Ein Tier braucht Ansprache wie wir Menschen auch. Es möchte ein wenig gefordert und beschäftigt sein – nur fressen, schlafen oder sich von Kindern knuddeln zu lassen, tut keinem Geschöpf der Welt gut.
- Warum will Ihr Räuber dieses Tier? Oder anders gefragt: Warum wollen Sie *keines*? Von einem Grund, der Mitleid, Ranküne und Zufall verbindet, haben wir bereits aus Kindermund gehört. Sehr überzeugend: Weil sie *stinken*. Das ist in der Tat kurz und knapp. Kinder möchten Tiere als *Spielkameraden*. Man sollte ihnen frühzeitig beibringen, dass sie das eben gerade nicht sind – oder doch nur sehr bedingt. Ein weiterer gern genannter Grund: *Alle anderen* haben auch ein Haustier. Deshalb sollte sich Ihre Familie flugs eines zulegen, um nicht als tierfeindlich in Verruf zu geraten. Oder will Ihr Liebling etwas über Tiere oder die Natur erfahren?
- Der zuletzt genannte Grund ist bei weitem der Beste. Er sollte allerdings auch nicht wie aus der Pistole geschossen kommen, weil das sofort den elterlichen Verdacht des Opportunismus erregen würde. Es soll ja Kinder geben, die gewissenhaft Herbarien anlegen, die sich für die Fauna und Flora der Kiesgrube interessieren oder in leeren

Gurkengläsern Kaulquappen züchten – nicht immer geht dieses Experiment für die künftigen Frösche gut aus. Manche Jungs wünschen sich ein Mikroskop. Solchen Räubern wird ab sofort drei Tage eine neue Abendlektüre verordnet – *vor* dem Gang in die Tierhandlung. Sie können Ihrem künftigen Zoodirektor aus zahllosen Publikationen vorlesen, welche die Aufzucht, Pflege und Haltung von Haustieren auch kindgerecht mit vielen schönen Fotos behandeln. (Noch während ich dies schreibe, riecht es plötzlich nach Hamsterstreu aus längst vergangenen Tagen ... die Erinnerung an damals hat sich ins Gedächtnis gebrannt.)

- Am besten, Ihr Sohn spart sein Taschengeld, um sich das Tier zu kaufen. So überlegt er sich seinen Wunsch wirklich genau, weil er den Geldbeutel schmälert. Ihr Vorteil dabei ist, dass er die Hamsteridee vermutlich einer spontanen Kinolaune opfert. Sind Sie von der Tierliebe oder dem einfühlsamen Wesen Ihres Räubers noch keineswegs überzeugt, so können Sie ihm vorrechnen, was er sich statt einer Schildkröte oder eines Papageis kaufen könnte. Das mit dem Papagei ist natürlich ein Witz, denn Vögel werden niemals stubenrein. Machen Sie daher den Ara unerschwinglich teuer, sonst wird Sie das Vieh – außer Sie verfügen über eine Voliere – garantiert Ihren allerletzten Nerv kosten! Tiere als erflehte oder ertrotzte Geburtstagsgeschenke von Oma oder Tante Diddy sind auch keine gute Idee. Die Verwandten haben diese Untermieter schließlich später nicht am Hals.

- Das Tier sollte in etwa zu Ihrem Kind passen. Ein verschmuster kleiner Kerl fährt tatsächlich mit einer Katze gut. Sie ist auch einigermaßen selbstständig – nur das Katzenklo und ein vernünftiger Kratzbaum sind hier das Problem. Es geht also nie um das Tier allein, sondern auch um seine Ausstattung!
  Ein stilles scheues Kind könnte eine Schildkröte faszinierend finden. Und ein quirliger Räuber vielleicht Zwerghasen. Hundebabys gehören allerdings in erfahrene Hände: Dazu gibt es Vereine, in denen auch ein Kind so manches lernen kann.
- Erst ab acht Jahren kann ein Kind gut allein für das Tier sorgen. Bis dahin braucht Sam Anleitung und immer wieder sanfte Erinnerung. Beginnen Sie nicht damit, aus Mitleid mit dem darbenden Nager alles selber zu machen. Was Mühe bereitet und nicht mehr ganz neu ist, meiden kleine Räuber gerne wie die Pest. Entziehen Sie Ihrem Liebling seine Schleckereien, bis er das Tierchen gefüttert hat!
- Springmäuse kommen sehr gerne aus dem Käfig und machen Sams Zimmer unsicher. Immer wieder gibt es verzweifelte Suchaktionen, weil Obi oder Andi sich unter dem Bett verkrochen haben. Man kann für seine Mäuse eine Beschäftigungstherapie erfinden: z. B. ein ausgetüfteltes Röhrensystem. Die Bastelanleitung dazu gibt's in der entsprechenden Fachliteratur. Mäuse können einiges lernen – und wenn Sie *Per Anhalter durch die Galaxis* gelesen haben, so wissen Sie, womit Sie es bei weißen Mäusen eigentlich zu tun haben.

- Ein Problem stellen nachtaktive Kleintiere sowie geborene Einzelgänger dar. Zwei Hamster sind eben nicht nett, sondern einander Qual, Gefahr und potenzielles Feindobjekt. Nicht einmal Hamster verschiedenen Geschlechts mögen sich andauernd – das sollten Sie wissen. Sonst können Sie gebrochene Beinchen schienen oder gar abgebissene Gliedmaßen in der Hamsterstreu suchen! Ein Tier hat andere Regeln als unsereins: Erst durch genaues Beobachten und mit zoologischen Grundkenntnissen erkennen wir sein Wesen.
- Eine Mutter klagte bei einem Treffen, dass ihr Sohn in unbeobachteten Momenten Tiere quäle und Dinge zerstöre – wie er überhaupt mit seinen drei Jahren ungeheuer aggressiv sei. Es sei so schlimm, dass sie sich schäme, mit ihm bei fremden Leuten aufzutauchen. Sie könne sich beim besten Willen nicht vorstellen, woher der Junge das habe. Sie und ihr Mann stünden so entsetzt wie hilflos vor diesem Phänomen. Falls Sie merken, dass Ihr Kind Tiere »systematisch« quält, handeln Sie umgehend! Solche Kinder brauchen Hilfe und Unterstützung, bevor sich bestimmte, sehr problematische Verhaltensmuster ausprägen. Scheuen Sie sich in einem solch seltenen Fall nicht, alles nur Menschenmögliche, auch fachliche Betreuung, für das Kind in Bewegung zu setzen.
- Wenn Mutter Natur beschließt, die Tage des Mäuserichs seien nun gezählt? Tiere pflegen nicht selten zu verscheiden, während man gerade ein leckeres Mahl zubereitet. Ein solcher Abgang zum Dessert mag bereits den

elterlichen Appetit deutlich schmälern – das Kind aber ist untröstlich. Dieser Schmerz ist unter Umständen sehr groß und unbedingt ernst zu nehmen. Nun werden, je nach Alter, viele Fragen kommen: ob es einen Hamsterhimmel gibt, was mit diesen Tieren passiert, warum sie nun so steif – ja, richtig, so *mausetot* – aussehen, wo sie doch gestern noch ganz munter waren!

Ein würdiges Begräbnis ist das Mindeste: Warum soll Obi nicht in einem anlassgemäß beklebten Schuhkarton sein irdisches Dasein beenden? Kindern tun solche Rituale gut und es mag ihnen ein Trost sein, wenn das geliebte Tier unter dem Fliederbusch liegt. Auf eine Schaufel und dann in die Tonne mag vielleicht Ihre erste Idee sein – aber das ist nicht die angemessene Zeremonie.

- Tiere können bedingungslos lieben. Das kommt insbesondere Kindern zugute, die sich in ihrem sozialen Umfeld ein bisschen schwer tun, wenig Anschluss finden oder unter Kritik zu leiden haben. Denn Tiere weisen niemanden ab, nur weil er nicht die coole Schultasche hat oder eine Zahnspange trägt. Weiß Ihr Kind auch geschickt mit einem Tier umzugehen, so kann es dadurch eine gewisse Achtung seiner Schulkameraden erwerben.
- Falls Sie kein Tier zu Hause halten möchten, können Sie in der Schule anregen, einen kleinen Streichelzoo ins Leben zu rufen. Dort sorgt dann die Klasse gemeinsam für das oder die Tiere. Und wenn die Lehrer argumentieren »Die stinken doch nur«: Gut gepflegte Tiere müffeln nicht mehr oder weniger als gut gepflegte Menschen.

# 6. Kapitel

## Taschengeld und Wünsche

Der 6-jährige Adrian und sein Bruder Martin, neun Jahre alt, führen immer wieder erregte Haushaltsdebatten. Ist es zum Beispiel gerecht, dass der größere Bruder mehr Taschengeld bekommt? Die materiellen Wünsche der beiden scheinen nämlich gleich unmäßig zu sein. Und die vollelektronische Grundausstattung (Handy oder Gameboy) sind da noch gar nicht mitgezählt. »Hier läuft was falsch«, murren die Eltern. »Wir heißen weder Rockefeller noch Gates – wir sind ganz normale Leute und ihr seid ganz normale Kinder.« So schön ein Geldbad in Entenhausen angeblich auch sein soll – zu Geld kommt man allein durch Sparsamkeit, das wusste schon der geizige Onkel Dagobert. Adrian und Martin aber kommen alle Tage mit etwas Neuem daher, das sie unbedingt haben müssen. Entweder weil Robin von nebenan das auch hat oder weil sie's in der Werbung gesehen haben. Wie kann man eine vernünftige Geldpolitik im Unternehmen Familie etablieren, ohne dass das kleine Volk oder der Finanzminister rebelliert?

Welche Branche weiß über den Stand im Geldbeutel deutscher Kinder und Jugendlicher bestens Bescheid? Richtig,

die Marktforscher der Spielwarenindustrie! Die haben errechnet, dass Kinder und Jugendliche im Monatsdurchschnitt üppige 73 Euro Taschengeld ausgeben! Nachdem bis zum neunten Lebensjahr vor allem Barbie und Lego den elterlichen Geldbeutel strapazieren, sind es danach Playstation und Gameboy, ohne die man als Kind oder Tweenager (zwischen 10 und 13, also weder Kind noch Teenager oder eben weder Fisch noch Fleisch) nicht leben zu können glaubt. Dennoch kann und sollte man als Eltern unbedingt versuchen, einen einigermaßen vernünftigen Umgang mit Geld zu propagieren. Denn der ist später umso schwerer zu erlernen (siehe die horrende Handy-Verschuldung von Jugendlichen, geschweige denn die Gesamtverschuldung Erwachsener). Wie immer gilt es zu handeln, bevor sich potenziell problematische Verhaltensweisen einschleichen – beispielsweise über seine Verhältnisse zu leben.

- Viele Kinder denken, Eltern oder Großeltern seien wahre Krösusse. Alles steht zur Verfügung, die meisten Wünsche werden erfüllt. Das lässt den kleinen Räuber auf merkwürdige Gedanken kommen. Schon deshalb ist es wichtig, dass Kinder die finanzielle Situation ihrer Eltern wenigstens in Grundzügen kennen lernen. Sei es, dass die Raten fürs Haus zu zahlen sind oder für die Ausbildung der Kinder regelmäßig Geld zurückzulegen ist. Wenn Sie Ihren Kindern davon erzählen, mit dem Taschenrechner Soll und Haben oder mit einer Excel-Tabelle einen Haushalts-Musterplan aufstellen, werden sie manches besser begreifen.
- Verbissen sollte dies indes nicht geschehen. Finanzielle Sorgen sind ernst zu nehmen, aber sollten vor allem für die Kinder nicht zu einer seelischen Belastung werden. In jedem Fall aber können auch Kinder lernen, wie man Geld einteilt, ausgibt und spart. Das geht umso leichter, wenn sie selbst einen festen Betrag zur Verfügung haben. Der sollte ihnen weder zu viel noch zu wenig Spielraum lassen. Ein Kind, das immer zu wenig Geld bekommt, lernt später schlechter, mit einer bestimmten Summe zu haushalten, da es sich zu gerne »auch mal was gönnen« will. Bekommt ein Kind unbegrenzt Geld, wird es sich ähnlich schlecht im späteren Finanzdschungel zurechtfinden, sofern es nicht Millionen ausgeben kann.
- Taschengeld ist eine variable Größe: Dabei kommt es zum Beispiel darauf an, ob Sie in der Stadt oder auf dem Land leben, was die Kinder in Ihrer näheren Bekanntschaft be-

kommen, was Ihrem Räuber noch zusätzlich so zugesteckt wird, etc. Finden Sie diese Summe zusammen mit anderen Eltern heraus, notfalls über auch die Schule.

- Kinder unterschiedlichen Alters sollten auch unterschiedlich hohes Taschengeld bekommen. In einem solchen Fall kann es sinnvoll sein, das Taschengeld früher einzuführen. Wieso bekommt Martin eigentlich mehr? Nun, er unternimmt häufiger etwas mit seinen Freunden und entwickelt mehr Interessen – daher ist auch ein höherer Betrag angemessen.
- Wofür ist Taschengeld bestimmt? Je nachdem sind eine Schulpause, Busfahrten oder ein Imbiss zu Mittag in der Summe enthalten. Andere Eltern plädieren für eine reine »Ausgabensumme« – nicht zuletzt, weil sie die Ernährung ihrer Kinder nicht allein durch Pommes oder Döner gewährleistet sehen wollen. Außerdem tendiert ein Kind bei knapper Kasse eher dazu, die Mahlzeit ausfallen zu lassen und stattdessen ins Kino zu gehen. Für feste Posten wie Fahrkarten, Bastelgeld, etc. sollte ein separater Betrag bereitgestellt sein, und Tonpapier oder Farben sollten dann auch wirklich davon gekauft werden.

**Wieviel Taschengeld ist angemessen?**

| | |
|---|---|
| 2 bis 5 Jahre: | max. 0,50 Euro wöchentlich |
| 6 bis 7 Jahre: | max. 2 Euro wöchentlich |
| 8 bis 9 Jahre: | max. 2,50 Euro wöchentlich |
| 10 bis 12 Jahre: | max. 15 Euro monatlich |
| 13 bis 15 Jahre: | max. 25 Euro monatlich |

- Sinnvoll ist sicher, Taschengeld zunächst wöchentlich zu geben, dann nämlich, wenn Ihr Räuber noch nicht so firm ist, den zahllosen Verlockungen zu widerstehen. In diesem Fall ist oft schon nach drei Tagen das Geld in irgendeines dieser Autos investiert, die nach weiteren drei Tagen bereits wieder kaputt sind. Später allerdings sollte er lernen, sich die monatliche Summe entsprechend einzuteilen.
- Regelmäßigkeit ist ebenfalls ein wichtiger Aspekt: Ein Kind sollte nicht seinem Taschengeld hinterherlaufen müssen, vor allem nicht, wenn es älter ist. Versuchen Sie auch nicht, immer wieder unerledigte Dinge überraschend damit zu verrechnen. Das macht die Finanzen unübersichtlich – aber gerade das sollten sie nicht sein!
- Wünsche wachsen wie jene Bohnen im Märchen, an denen man bis zum Mond emporklettern kann. Was es nun auch immer sei, meist kann Taschengeld sie nicht so ohne weiteres erfüllen. Je nach Alter können Eltern für jedes Kind einen kleinen Betrag zurücklegen, den sie selbst und die Verwandten zum Geburtstag oder zu Weihnachten entsprechend aufstocken. Wägen Sie auch manche Wünsche zusammen mit Ihren Kindern ab, vor allem aber die kostspieligen. Wie sehr interessiert sich Adrian für die Sterne? Lohnt sich die Anschaffung eines Teleskops? Wobei man ein so interessantes, sinnvolles Hobby fördern sollte – mit Besuchen in Sternwarten oder Geschichten über Sternbilder.
- Nehmen Sie Ihren Jungen zum Einkaufen mit. Der Preisvergleich lohnt sich, das Teuerste muss nicht immer das

Beste sein. Geld sparen heißt, es für wichtigere Dinge auszugeben. Vielleicht können Sie die Kinder in bestimmte Entscheidungen über Neuanschaffungen miteinbeziehen. Auch Flohmärkte und Internet-Auktionen eignen sich bestens zum Geldverdienen und Handeln.

- Kindliches Selbstbewusstsein entsteht keineswegs dadurch, dass man *alles* bekommt – alles, vielleicht außer Zeit und Aufmerksamkeit. Im Gegenteil, wer sich nicht von Herzen auf etwas freuen kann, weil er es sich gar nicht erst wünschen muss, der ist eher verunsichert und arm dran. Es ist keine Schande zu sagen: »Das können wir uns momentan nicht leisten. Wir haben aber einen Heidenspaß beim Zelten, das ist viel schöner als im Hotel.« Es sollte trotz Sparsamkeit immer ein ideeller Ausgleich da sein: ein Sparbuch etwa, das dank fünf Euro im Monat still und heimlich auf ein erkleckliches Sümmchen anwächst – »Das wird mal mein Führerschein«, sagt Martin stolz.
- Jeder kann sein Taschengeld aufbessern: durch kleine Erledigungen oder Arbeiten, die ein Kind nicht überfordern und nicht zu lange dauern. Geld zu verdienen ist sicherlich ein guter Anreiz, beim Gartenfest zusammen mit anderen Jungs das Geschirr in die Spülmaschine zu räumen oder die Aschenbecher zu leeren. Größere Kinder können auch schon kleine Jobs übernehmen. Ein Viertel aller Kinder über zwölf Jahren »arbeitet« nebenbei. Achten Sie aber auf eine weder über- noch untertriebene Bezahlung.

- Die Suche nach Verdienstmöglichkeiten macht kreativ! Wie wäre es mit einem frisch gepressten Karottensaft für den gestressten Vater? Was am Marktstand in der Stadt drei Euro kostet, bekommt er für die Hälfte serviert. Und der Sohnemann lernt, dass der Haushalt wie ein kleines Unternehmen funktioniert: Man braucht die Maschine (Flohmarkt/Ebay?), Rohstoffe (Möhren, Äpfel), Kosten, die in den Preis für den Saft einfließen müssen. Ermutigen Sie Ihre Kinder auch, sich nach Nebenjobs in der Nachbarschaft umzusehen: Hund ausführen, Einkäufe erledigen, etc. Sie können Ihrem kleinen Räuber helfen, im Supermarkt um die Ecke oder Stadtteilblättchen zu »annoncieren«! Sehen Sie sich jedoch die künftigen »Arbeitgeber« immer selbst an und holen Sie ggf. Informationen ein.
- Der Job darf nicht mit den Anforderungen der Schule kollidieren – also ist das Wochenende zu empfehlen. Stehen Sie anfangs mit Rat und Tat zur Seite, danach nicht mehr. Verliert das Kind etwa durch Unpünktlichkeit seine Arbeit, muss es das aushalten.
- Leihst du mir was? Ja, aber wir machen einen exakten Rückzahlungsplan! Am besten sollte der Kreditgeber ein Mensch sein, den Ihr Kind ernst nimmt und vor dem es Respekt hat. Auch wenn er es nur pro forma ist – denn leider funktionieren solche Absprachen nicht immer mit der warmherzigen Frau Mama, die nach drei Raten den Rest der Schulden bereitwillig erlässt. Ein zuverlässiger Geldgeber versteht keinen Spaß; dafür ist er stets zur Stelle, wenn man ihn braucht.

# 7. Kapitel

## Wir sind ja so verliebt!

Was ist los mit Paul, zehn Jahre alt? Er lächelt so eigentümlich – man möchte bei einem Räuber wie ihm das Wort »verträumt« allerdings gar nicht in den Mund nehmen. Er, der in Geschmacksfragen bisher reichlich lax war, macht sich nun Gedanken um seine Garderobe. Für die Schule wohlgemerkt. Haargel allerorten, vor allem da, wo es nicht hingehört. Neulich wurde auch der Ruf nach Kosmetik laut, »damit meine Haut weich wird«. Jetzt geht es also los, denkt sich Pauls Mama, ein Drittel amüsiert, eines traurig, und ein Drittel drückt ihm schon die Daumen, auf dass er sicher bei seiner Angebeteten lande. So lange, bis sie erfährt, wer die Traumprinzessin ist. Waaas? Laura, diese Zicke? Wie kannst du nur?

Geben wir's unumwunden zu – und das gilt wohl für alle Eltern: Wenn unsere Kinder sich verlieben, ist immer auch eine Spur Eifersucht dabei. Denn die Zeiten werden merklich rarer, in denen man als Mama oder Papa noch der Gipfel häuslichen Glücks war. Jetzt aber geht eine neue Zeit los, und das fällt nicht immer leicht. Sie werden viel Humor brauchen! In diesem Zusammenhang sollten Sie sich daran erinnern, dass Ihre erste Liebe eine braune Ohrenklappenmütze trug und eine Erbsenpistole besaß. Trotzdem war er der tollste Junge auf der Welt. Sein Glanz hielt sich so lange, bis er Ihnen einmal die Tür vor der Nase zuschlug. Sie waren wirklich verliebt und danach auch wirklich todtraurig. Nicht nur das: Ohrenklappenmützen machen Sie noch heute merkwürdig melancholisch. Und das dürfen wir getrost verraten: Die erste Liebe ist unvergesslich und etwas Besonderes. Auf das Schicksal, das da in der zweiten Bank seinen Lauf nimmt, haben Sie leider keinen konkreten Einfluss. Aber Sie können einiges tun, um Ihrem liebeskranken Räuber zu Hause die nötige Unterstützung zu geben. Vor allem dann, wenn es *nicht* klappt.

- Die Symptome bleiben wohl ein ganzes Leben lang gleich: abwesende Blicke, verschlossene Tagebücher, vehement betriebene Körper- oder Imagepflege; geistesabwesendes Kichern zur Unzeit, plötzliches Interesse für Popstars, Briefmarkensonderdrucke oder Theatergruppen (je nach Hobby der Angebeteten), euphorische Stimmung, die sofort in den Keller sacken kann, wenn das Telefon mal zwei Stunden nicht klingelt...
  Falls Sie solche Symptome gehäuft wahrnehmen, bleiben Sie verständnisvoll, ohne gleich »alles« wissen zu wollen, bzw. sofort in bester Absicht diesen Zustand zu benennen. Trotzdem sollte Ihr Sohn von beiden Elternteilen den Eindruck vermittelt bekommen, dass sie gerade jetzt für ihn erreichbar sind: der Vater, weil er vielleicht ein paar Tipps hat, wie man ein Mädel betört, die Mutter, weil sie einem das fremde Universum des anderen Geschlechtes erklären kann – falls Not am Mann ist.
- Auch in diesem Fall ist ein häuslicher Kurzcheck angebracht: Kinder können ruhig mitbekommen, dass ihre Eltern sich lieb haben oder zärtlich miteinander sind. Schließlich nehmen sie auch das Elternhaus mit in ihre »Beziehungen«. Selbst wenn Sie persönlich bittere Erfahrungen mit dem anderen Geschlecht machen mussten, ist das noch lange kein Grund, Ihrem Räuber jene unvergessliche erste Liebe mit Kassandrarufen zu vergällen oder ihn monologisierend mit Warnhinweisen zu überhäufen.
- Die erste Liebe ist eine Achterbahnfahrt der Hormone. Vor allem Endorphine purzeln herum, sie sind verantwortlich

für das Herzklopfen und all die schönen Nebenwirkungen und kribbeligen Sehnsüchte, die Groß und Klein verspüren. Die erste Liebe stellt auch eine Probe dar für die Selbstsicherheit eines Kindes und die Akzeptanz, die es unter seinesgleichen genießt. Versuchen Sie beizeiten, sein Selbstbewusstsein positiv zu beeinflussen. Durch Lob, Anerkennung, aber auch eine gewisse Herausforderung unterstützen Sie Selbstständigkeit und Kommunikationsfähigkeit. Und nicht zuletzt gilt: Ein bester Freund ist nicht nur oft genug der Postillon d'amour, sondern auch ein verlässlicher Fels in der Liebeskummerbrandung.

- Verbeißen Sie sich ironische Kommentare. Geben Sie es zu: Sie haben Ihrer Mama erst gar nichts von der Ohrenklappe damals erzählt! Die hätte vielleicht gelästert, weil sie den Glorienschein ja nicht sah. Auch wenn Sie von der Wahl Ihres Räubers nicht ganz überzeugt sind, behalten Sie das lieber für sich. Pauls Kriterien, warum ein Geschöpf liebenswert ist, sind nun mal nicht die Ihren. Bevor der Sturm einsetzt, fragen Sie noch ganz unverbindlich, wie seiner Meinung nach eine Traumfrau beschaffen sein müsste. Wenn Sie dann hören: *Stark muss sie sein und frech*, so ist das ja auch ganz nett. Theoretisieren lässt sich immer trefflich. Wenn sie sich dann als ein winziges, verhuschtes Ding mit Zahnspange entpuppt, so beweist das vielleicht, dass Paul die verborgenen Kräfte in jenem Mäuschen zu sehen vermag.
- Diskretion muss sein: Ein Kind hat darauf ebenso Anspruch wie ein Erwachsener. Es gibt eine Diskretion der

Worte (siehe oben) und der Taten (also Tagebücher ignorieren, flötende Telefonate tapfer aushalten). Ein Gefühl sollte sich entwickeln dürfen mit dem Respekt der anderen. Es genügt ja schon, wenn die älteren Geschwister sich ihre Kommentare nicht verkneifen können. Das sollten sie aber zumindest in Ihrer Gegenwart – denn sich über die erste Liebe lustig zu machen, ist taktlos. Wie man später darüber gemeinsam schmunzeln mag, steht auf einem anderen Blatt.

- Wie Paul dereinst mit Frauen umgehen wird, hängt auch davon ab, wie sein Vater seine Mutter behandelt. Das sollten Sie immer im Hinterkopf behalten. Respekt, Zärtlichkeit und Achtung wachsen nicht wie irgendein Unkraut ganz von selbst, sondern es gehört eine gewisse Mühe dazu, diese zarten Pflänzchen zu kultivieren.
- Auch wenn fast jeder Junge das glaubt: Die schiere Körperkraft, wie sie auf dem Pausenhof gerne erprobt wird, wirkt nicht ganz so anziehend wie vermutet. Räuber, die am meisten rüpeln, erwecken nicht immer die größte Aufmerksamkeit bei den Mädchen. Das muss ihnen erst mal einer sagen – und wieso nicht der Papa? Balzende Hähne oder brünftige Hirsche dienen den Menschen jedenfalls nicht wirklich als Vorbild. Die Gunst seiner Liebsten erwirbt man sich geschickt mit kleinen, wohl dosierten Gaben: einer Kinokarte zum Beispiel. Doch ein Zuviel ist auch nicht gut. Nachlaufen bringt nix. Was schwer zu erobern ist, scheint immer interessanter als das, was sich freiwillig anbietet.

- Stehen Sie Paul modisch zur Seite! Es ist für Ihren kleinen Räuber jetzt wichtig, halbwegs gut auszusehen. Das kann je nach Umfeld ganz verschieden sein: Sportswear oder was auch immer. Deswegen muss noch kein Markenhype beginnen – aber die neue Brille wäre ja doch irgendwann fällig, und warum nicht jetzt? Oder stattdessen Kontaktlinsen ...

  Verliebte Jungs fühlen sich nicht mehr als Kinder – sie möchten dann auch nicht so aussehen oder auch nur annähernd so behandelt werden. Pauls 6-jähriger Bruder Moritz hat eine Freundin im Kindergarten, und er bezeichnet sie auch als solche! Er will ernst genommen werden – so geht die Mutter auf *seinen* Wunsch hin mit ihm kleine Weihnachtsgeschenke für die Angebetete kaufen.
- Eine harte, aber wichtige Regel: Wir können unseren Jungen, um dessen Stärken und auch Schwächen wir wissen, leider nicht vor Kummer bewahren. So sehr wir mitfühlen und unserem Kind das Beste wünschen – gegen bittere Enttäuschungen ist niemand gefeit. Daher ist es besonders wichtig, eine Atmosphäre der Geborgenheit zu Hause zu schaffen – wir alle (und erst recht die Erstverliebten) brauchen ein Netz, das uns im Bedarfsfall auffängt.
- Wettbewerb ist eine äußerst lästige Randerscheinung der ersten, aber *nicht nur* der ersten Liebe. Der Konkurrenzdruck wächst mit den Jahren noch um einiges. Unter Jungen entscheidet oft der Wettbewerb. Für das Selbstverständnis ist es immer wieder wichtig, eine führende oder herausragende Rolle in der Gruppe einzunehmen.

Kaum ist man verliebt, wittert man Nebenbuhler – oft nicht einmal zu Unrecht! Ein Mädchen, in das sich einer der Klassenkameraden verliebt, ist interessanter als eines, das bislang noch unentdeckt dasitzt.

- Paul sollte nicht nur wissen, dass er damit leben muss, sondern vor allem, dass alle *krampfhaften* Versuche, jenen lästigen Gesellen auszustechen, den gegenteiligen Effekt haben. Ohne Zweifel ist es zuviel verlangt, von einem liebeskranken 10-Jährigen Souveränität zu erwarten – aber Sie können ihm helfen, eine solche zu fördern. Denn verlieben wird er sich noch oft genug, glücklich und unglücklich. Bauen Sie ihn auf, getreu der alten Weisheit: »Auch andere Mütter haben hübsche Töchter ...«
- Ist die Liebe glücklich, so sind auch wir es. Laura ist öfter bei uns, die beiden unternehmen so manches zusammen. Hand in Hand sitzen sie im Garten, eine Minute darauf toben sie wieder herum wie kleine Kinder. Die erste Liebe hat (wie jede andere) viele Gesichter, es ist nicht nötig, nur eines davon im Blick zu haben. Im Gegenteil tendieren Erwachsene oft dazu, illusionslos oder pragmatisch zu denken – oft auch aus Sorge. Paul ist aufgeklärt, seine Neugierde in diesem Punkt fand ein offenes Ohr. Das sollte auch unbedingt sein.
- Aber nun ist das Zimmer dunkel, hinter der Türe schweigt jemand beharrlich oder weint in sein Kissen – und uns zerreißt es schier das Herz. Wir haben es ja gleich gewusst, dass Laura eine ausgemachte Ziege ist! So schwer es Ihnen fallen mag – drängen Sie sich jetzt nicht auf.

Signalisieren Sie nur deutlich, dass Sie da sind, falls Paul sprechen möchte. Über kurz oder lang wird er es wahrscheinlich tun. Bleiben Sie ruhig, auch wenn Sie sich beinahe selbst betroffen fühlen, weil jemand Ihren kleinen Räuber gekränkt hat! Vielleicht lassen Sie Paul erzählen, warum es so gekommen ist.

- Nach der Phase stummer Trauer kommt die der Wut. Dann wird auch das, was einmal schön war, in Zweifel gestellt. Paul wird kräftig auf Laura schimpfen – bleiben Sie moderat. Protestieren Sie im Gespräch auch gegen Stereotype wie »So sind die Weiber eben«. Forschen Sie gemeinsam nach Gründen für die Motive des Mädchens, Paul zu kränken. Manches könnte für ihn auf diese Weise erträglicher werden. Insgesamt gesehen ist ein Gespräch bereits ein Zeichen allmählicher Genesung. Liebeskummer kann man leider nicht zeitlich eingrenzen. So leiden sensible Kinder mehr unter einer Zurückweisung, robustere erholen sich schneller.
- Frühzeitig kann man ein paar Strategien gegen Liebeskummer entwickeln. Neben dem sportlichen Ausagieren ist der kreative Weg das Beste, mit einem gebrochenem Herzen fertig zu werden: Leid kann auf vielerlei Weise seinen Ausdruck finden. Tagebücher, Bilder oder Musik sind erprobte Mittel, ein Liebeskummer-Rap, eine der Entschwundenen nachempfundene Tonfigur oder ein sterbenstrauriger Fotoroman. Wenn man im Leben über eine Methode verfügt, mit der man Kummer verarbeiten kann, so hat man schon viel gewonnen.

# 8. Kapitel

# Teamgeist, Fairness und Fitness

Der 8-jährige Jonas ist ein nervöser Bursche, ein Zappelphillipp, wie man so schön sagt. Seine Lieblingsbeschäftigung? Fernsehen und eine Tüte Chips dazu. Währenddessen verhält er sich zwar ruhig, kurz nach der Sendung aber nehmen Hektik und Gezappel zu. Jonas steht sichtlich unter Stress. Aber wie und wo soll das Kind diesen Stress abbauen? Neulich, als Jonas in der Schule einen Klimmzug machen sollte, scheiterte er kläglich – wie die meisten seiner Klassenkameraden. Jonas' Mutter möchte nun eingreifen. Allmählich macht sie sich Sorgen, weil ihr kleiner Räuber stetig zunimmt und immer bequemer wird. Glücklich – so stellt der Familienrat nach eingehender Beobachtung ihres Jüngsten fest – machen anscheinend weder Playstation noch Leckerli oder Superstars ...

Wie aber soll man Jungs, die kurz vor der Couchkartoffel-Mutation stehen, überzeugen, dass es *das* nicht sein kann?

Leider ist unser Jonas ein kleiner, runder, gemächlich wandelnder »Symptomkatalog«. Auch er leidet, wie so viele andere Kinder, am *Aufmerksamkeits-Defizit-Syndrom* (ADS):

Jonas kann sich im Unterricht nur schlecht konzentrieren. Andererseits weiß er nicht, wohin mit seiner Energie. Außerdem ist er, wie jeder sechste seiner Altersstufe, bereits übergewichtig – aller Voraussicht nach wird auch er bald ein XXL-Kid sein. Alarmierende Zahlen, Tendenz steigend: 30 Prozent aller Grundschulkinder leiden bereits an Adipositas (Fettleibigkeit). Nicht genug, dass aus übergewichtigen Kindern übergewichtige Erwachsene werden. Schlimmer ist vielmehr, dass bereits Kinder an Erwachsenen-Krankheiten leiden, wie z. B. Bluthochdruck, Gallensteinen oder Bandscheibenvorfällen. Die Lage schreit geradezu nach Bewegung, Austoben und Gemeinsamkeit – und ohne gesündere Ernährung geht's leider auch nicht. Na denn: Auf die Plätze, fertig, los!

SEIT ER EISHOCKEY SPIELT, IST ER DIE AUSGEGLICHENHEIT IN PERSON.

- Als wir klein waren, hieß es: »Kinder gehören raus in den Garten.« Neben Wendigkeit und Körperbeherrschung lernten wir vor allem, dass es in muffigen Wohnzimmern nicht besonders spannend zugeht. Wir durften nicht hemmungslos fernsehen, und einen PC gab es auch noch nicht, vor dem sich jetzt Alt und Jung das Hinterteil platt sitzt.
- Ferner übten wir uns im gemeinsamen Spiel und darin, die Natur mit allen Sinnen wahrzunehmen. Hin und wieder rauften wir miteinander, trugen Schrammen davon und lernten, uns körperlich zu messen. Das gehörte dazu und kanalisierte gewalttätige Auswüchse, wie sie auf unseren Schulhöfen längst keine Ausnahme mehr sind.
- Mag dieses Plädoyer auch treuherzig klingen und den Eindruck vermitteln, der (Natur liebende) Autor neige zur Übertreibung: Experten sind es, die motorische Defizite bei Kindern beklagen. Dies betrifft nicht allein die Schwebebalken-Kür, die wohl kaum einer wirklich gern mag. Nein, Kinder haben bereits große Probleme mit ihrer »Alltagsmotorik«. Forscher haben z.B. ermittelt, dass Kinder zunehmend Schwierigkeiten damit haben, an einer ganz bestimmten Stelle stehen zu bleiben, wenn sie am Bordstein vor dem Überqueren der Straße halten müssen. Das sollte uns nachdenklich stimmen.
- Um Ihrem Kind zu helfen, sollten Sie auch Ihr eigenes Freizeitverhalten überprüfen und gegebenenfalls ändern. Oh, da zwickt Sie die Bequemlichkeit! Hören wir da nicht Generationen von Pantoffelkino-Fans murren? Wer selbst täglich nur die Rennstrecke zwischen Kühlschrank

und Couch zurücklegt, wird seinem kleinen Räuber kaum ein Vorbild sein. Ebenso wenig, wenn *er* Möhren knabbern soll, während *Sie* Toffifee, After Eight oder Erdnussflips vertilgen, als säße nicht auch bei Ihnen der Hosenbund schon ziemlich knapp.

- Kein unsportlicher Junge wird sich dazu bereit erklären, am Bolzplatz um Aufnahme zu ersuchen, weil er dann eine Blamage fürchten muss. Besser ist es, wenn sich betroffene Eltern zusammentun. Da es so viele XXL-Kids gibt, kann es so schwer nicht sein, wenigstens drei oder vier zusammenzutrommeln. Achtung: Die werden sich mit Verdrießlichkeit und Jammerei gegen solche Aktionen verbünden. Ignorieren Sie das und steigern Sie allmählich die Bewegungs-Dosis, während Sie die Süßigkeitenration nebst Fernseh- oder PC-Konsum kühn reduzieren. Am Anfang steht der tägliche Spaziergang, und sei es nur eine halbe Stunde. Und nicht vorbei an Schaufenstern, sondern RAUS, wo Bäume stehen und Blumen blühen. Falls Sie selbst nicht mehr wissen, was eine Wiese ist: das sind die grünen Teppiche im Stadtpark.
- Vielleicht können Sie Jungs wie Jonas zunächst mit guten »Laufklamotten« ködern. Schlimm genug, dass man mit seiner (runden) Mama im Schlepptau durch den Wald wandelt, man möchte nicht noch dazu in den alten Jogginghosen erwischt werden! Auf alle Fälle gilt: Gutes Schuhwerk ist unerlässlich. Alles andere führt zu Frustrationen und einem frühzeitigen Ende Ihres so gut gemeinten Experiments.

- Sie werden Ihr Kind eine ganze Weile motivieren müssen, bis sich der Trimm-Trab einigermaßen eingespielt hat. Doch sobald sich der Körper an regelmäßige Bewegung gewöhnt hat, verlangt er auch nach ihr. Erkundigen Sie sich an der Volkshochschule oder bei anderen Institutionen, ob es in Ihrer Nähe Kurse für solche Kinder gibt, die quasi neu lernen müssen, was sie eigentlich aus dem Effeff beherrschen sollten: Toben.
- Viele unserer Kinder haben ihr Körpergefühl verloren. Dazu haben auch wir Eltern beigetragen. Indem wir selbst sie zur Ruhe mahnen oder lärmempfindliche Nachbarn ins Feld führen. Ruhe ist lebenswichtig; allerdings lässt es sich vor der Mattscheibe kaum ausruhen, denn die Gehirnaktivität ist beim TV-Konsum sehr hoch. Doch welche Entspannungsübungen sind zu empfehlen? Autogenes Training etwa lernt sich leicht. Experten empfehlen in Fällen von Reizüberflutung nebst Migräne oder Kopfschmerzen und Unkonzentriertheit auch die *Progressive Muskelrelaxation* nach Jakobson (PMR).

  Meist aber wirken frühzeitig eingeführte und quasi verordnete »Ruhezeiten«: zehn Minuten Entspannung, Schweigen oder bewusstes Atmen. Es scheint ja stets nur das merkwürdig oder Skepsis erregend, was aus heiterem Himmel an ein Kind herangetragen wird. Wächst Ihr kleiner Räuber aber bereits mit solchen Dingen auf, sprich einem aufmerksam wahrgenommenen Ruhebedürfnis *aller* sowie einem Wechsel von Aktivität und Ruhephasen, so ist es viel leichter für alle Seiten.

- Keine Frage: Wir leben beengt in unseren Wohnungen! Daher empfinden Eltern den Bewegungsdrang eines Kindes oft als immens anstrengend. Überspitzt gesagt, ist es vielen Eltern lieber, die Kinder hocken ruhig vor dem Bildschirm und gucken sich *Jackass* auf MTV an oder ziehen als Militärshooter in die PC-Schlacht. Viele Söhne sporteln gerne mit ihren Vätern. Das ist eine gute Basis, von der Eltern vor allem in der Pubertät zehren können. Und so weit ist die bei Jonas ja auch nicht mehr entfernt! Denn Bewegung und Sport bauen überschüssige Energie und Aggressionen bestens ab, Mannschaftssport stärkt den Teamgeist. Nicht, dass unsere Söhne deshalb keinen Unsinn mehr anstellten – aber doch deutlich weniger als Kids, die sich nicht von der Stelle rühren.
- So steht Micha seit seinem siebten Lebensjahr auf Schlittschuhen und spielt in einem Amateurklub mit seinen Freunden und manchen Vätern Fußball. Was lernt er da nicht alles – von den gesundheitlichen Vorteilen des Sports einmal abgesehen: Er lernt, sich auf andere zu verlassen, zusammen mit ihnen in einer »konzertierten« Aktion etwas zu erreichen, Situationen schnell einzuschätzen und auch körperlich adäquat darauf zu reagieren. Micha lernt außerdem, seine Aggressionen zu kanalisieren, und muss sie nicht an den Sitzpolstern im Zug auslassen. Er erlebt das Glück des Siegens und den Kummer des Verlierens. Und Michas Papa hat größten Spaß daran, mit seinem Räuber etwas zu unternehmen. So entsteht eine Beziehung über das reine Vater-Sohn-Verhältnis hinaus.

- Jede Art von Mannschaftssport ist für Ihren Räuber geeignet. Fördern Sie frühzeitig solche Initiativen. Auch wenn es schwer ist, erst im Alter von zwölf Jahren damit anzufangen – es ist keineswegs unmöglich. Achten Sie darauf, dass Ihr Kind in einer ihm angemessenen Leistungsgruppe ist, dass es mithalten kann und will. Lauter Dickerchen werden sich hoffentlich nicht gegenseitig hänseln, wer nun die meisten Kilos auf die Waage bringt – ausgeschlossen ist allerdings auch das nicht.
- Überfordern Sie Ihr Kind nicht – aber bleiben Sie eisern bei einer bestimmten Zeit, die pro Tag oder Woche der Bewegung gewidmet sein sollte. Gestalten Sie die Sache abwechslungsreich: Schwimmen, Radfahren, Fußball oder was auch immer – bloß runter von der Couch!
- Die Schule kann und soll hier einbezogen werden. Im Jahr 2003 hat die Sporthochschule Köln etwa ein Pilotprojekt gestartet, das nun in mehreren Kölner Grundschulen erfolgreich erprobt wird. Kombiniert werden Gesundheitserziehung, Ernährung und Sportunterricht. Nicht alle Schulen sind dahingehend ausgestattet – aber eine Initiative in diese Richtung wäre sehr wichtig. Sprechen Sie auch mit dem Sportlehrer des Kindes und versuchen Sie, auf Versammlungen für einen optimierten Sportunterricht (der meist nur als lästige Pflicht gilt) zu werben. Sie sollten dabei auch Ihre eigene bequeme Haltung überwinden – was nicht ganz leicht sein dürfte. Eltern können übrigens von ihren Kindern lernen, zumindest lasse ich mir diese Hoffnung nicht nehmen.

## 9. Kapitel

# Alles krass? Sprache und Ausdrücke

Zucken Sie bei einem vollmundigen »Du blöder Wichser« genauso zusammen wie Maxis Mutter eben? Die hat sich schnell noch umgesehen, ob auch kein Nachbar in der Nähe ist. Verflixt, der Herr Krämer hat es gehört und grinst hämisch. Sie kennt ihren 7-Jährigen nicht wieder: Heute morgen war er doch noch so lieb und verschmust. Und jetzt? Ein breitbeinig dastehender, kleiner Typ, der mit abscheulichen Wortgeschützen aufwartet.

Zu jenen, die er im Kindergarten schon so zahlreich lernte, kommen seit der Einschulung täglich neue dazu. Maxis Mutter sitzt da und hadert mit der Welt. Wieso benutzt ihr kleiner Räuber solche Ausdrücke? Weiß er überhaupt, was er da von sich gibt? Wie dem auch sei, Maxis Mutter durchlebt ein Szenario, das allen Eltern bekannt ist: »Habe ich versagt? Wieso provoziert er mich so?« Wie können Eltern lernen, trotz der Unsicherheit und Ratlosigkeit gelassener mit ihren pöbelnden Sprösslingen umzugehen?

Warum sind wir verwirrt und verletzt, wenn unser Kind uns oder andere mit ziemlich üblen Ausdrücken beschimpft? Dieser Schimpfwortkatalog dürfte jedem Menschen aus

Straßenbahnen oder Pausenhöfen längst geläufig sein. Er variiert nur geringfügig, und es hat ihn auch schon immer gegeben. So sollen bereits die Römer gar nicht zimperlich im Umgang miteinander gewesen sein – vielleicht tröstet Sie das. Wir sind so ratlos, weil wir mit (verbaler) Aggression selbst nur schwer umgehen können. Zumal wenn es unsere kleinen Räuber betrifft, die gestern noch die Sanftmut in Person waren und einmal sagten: »Mama, wenn ich groß bin, heirate ich dich!« Eltern sind betroffen, weil ein solcher Umgang eine Verletzung von Grenzen und Würde darstellt. So wenig wir uns wünschen, unser Kind möge Verbalattacken einsetzen, um seine Überlegenheit zu beweisen, so sehr schmerzt der Gedanke, das Kind könnte Opfer von verbaler Aggression werden. Strategien sind also notwendig.

- Haben Sie wirklich geglaubt, Ihr kleiner Räuber werde um all das herumkommen, nur weil Sie stets versuchten, ihn zu einem friedlichen Menschen zu erziehen? Machen wir uns zunächst einmal bewusst, dass Aggression vom lateinischen Wort *aggredi* kommt, was im Wortsinne nur »auf etwas zugehen« bedeutet. Mit Gewalt oder Rüpelhaftigkeit hat es also ursprünglich nichts zu tun. Eine *gewisse* Aggression zu erlernen und vernünftig mit ihr umzugehen ist daher für jeden Menschen notwendig. Da selbst Erwachsene Probleme mit dem Thema haben, wäre es zu viel verlangt, von einem Kind perfektes Verhalten diesbezüglich zu erwarten.
- Methoden, wie man mit Konflikten umgeht, lernt ein Kind in erster Linie zu Hause. Man könnte sich prüfen, ob man selber ein konfliktscheuer Mensch ist, gemäß dem Motto: »Ich halt mich da raus. Da sag ich jetzt mal nichts zu.« Sehr oft erleben wir, dass scheinbar »neutrale« Menschen gern über andere hinter deren Rücken reden. Oder tendieren wir dazu, mit lautem Geschrei oder Drohgebärden wie einst Großvater jeglichen Widerspruch im Keim zu ersticken? Zwischen diesen beiden Polen gibt es vielfältige Nuancen – und unsere Kinder imitieren *unser* Verhalten, weil wir, wie unbegabt auch immer, ein Vorbild sind. Das gilt es zu bedenken, wenn Sie gerade wieder so richtig in Rage sind, weil dieser Hausmeister doch ein solcher … ist. Ob Sie das jetzt nur am Abendbrottisch erörtern oder dem Herrn im Blaumann ins Gesicht sagen, bleibt Ihr Geheimnis.

- Aggression kann Antriebsstärke, Zielstrebigkeit, Energie und Durchsetzungskraft beinhalten, die Fähigkeit, sich zu wehren und seine Grenzen aufzuzeigen. Das ist für die Entwicklung eines gesunden Selbstbewusstseins auch wichtig. Vorausgesetzt, diese Energien, die leider oft negativ besetzt sind, werden gesteuert und kanalisiert. Zunächst sollten wir also unseren Kindern eine gewisse Aggression zugestehen und auch für einen Abbau sorgen. Indem der kleine Räuber beispielsweise herumtoben oder laut schreien (wenn auch nicht unbedingt um 23 Uhr in der Mietwohnung) oder einen Packen alter Kataloge in Fetzen reißen darf.
- Auf jedem Spielplatz, in Kindergarten und Schule kann man sehen, dass Kinder Situationen suchen, um ihre Kräfte zu messen. Es ist spannend, weil es Kämpfe, Sieger und Verlierer gibt, ob es nun um Playmobil-Figuren oder Klamotten geht. Neben der (üblichen) körperlichen Aggression des Schubsens, Wegnehmens oder Festhaltens kommt noch das attackenerprobte Arsenal jener anrüchigen »Zauberworte«. Wir nennen sie so, weil die Wirkung, die sie hervorrufen, ein Kind zutiefst beeindruckt. Es sagt *Wichser*, und etwas passiert: Erwachsene schreien, hüpfen aufgeregt herum, kleine Feinde werden verunsichert, mitunter erniedrigt und vor anderen damit lächerlich gemacht. Kurz, es scheint eine Art *Abrakadabra* zu sein, ein Wort, das Energie transportiert. Macht und Kraft für den, der es gebraucht und Ohnmacht, Zorn, Isolation für den, der es einsteckt.

- Jungen sind in diesem Alter – und auch später – oft mit Hierarchien beschäftigt. Sie müssen sich beweisen und ihre Position in der Gruppe erst finden, behaupten oder ausbauen. Das ist schwer. Kein Wunder, dass viele solcher Situationen mitsamt ihrer Triumphe und Frustrationen nach Hause getragen werden. Der Stärkste und Frechste der Klasse hat am wenigsten unter Angriffen zu leiden, seien sie verbal oder körperlich. Er wird respektiert und gefürchtet. Wer wollte das nicht? Es liegt neben den Lehrern besonders an den Eltern, diese Dinge wahrzunehmen und bestimmte Werte zu vermitteln, ohne die sich das soziale Miteinander ziemlich unerquicklich gestaltet.
- Nicht nur William Goldings Roman *Der Herr der Fliegen*, sondern auch wissenschaftliche Studien haben bewiesen: Was wie ein Traum klingt, nämlich einmal eine gewisse Zeit ohne Eltern zu sein und sich ungehindert zu entfalten, endet in unkontrollierter Aggression. Also brauchen die kleinen Räuber uns, damit wir ihnen helfen, konstruktiv mit Ängsten, Frustrationen und Konkurrenzsituationen umzugehen.
- Aber warum müssen die *Abrakadabras* meist Worte sexuellen Inhalts sein? Das macht Eltern zusätzlich nervös. Man weiß ja nicht, was Kinder schon aufgeschnappt haben oder wie sie manches eventuell verarbeiten. Zur Beruhigung: Meist wird das Wort nicht wegen seines Inhalts, sondern wegen seiner Aufsehen erregenden Wirkung gebraucht. Erinnern Sie sich? Auch Sie selbst haben

»es« als Kind gerne getan. Schweinigeleien und mehr oder minder köstliche Furzgeschichten waren durch alle Kinderzeiten stets ein Hit. In gewissen Grenzen also ist das normal – und je weniger Aufmerksamkeit Sie diesen Worten widmen, umso besser.

- Man kann zum einen fragen: »Wo hast du dieses Wort denn her?« Das aber gilt ja nur für den Anfang solcher Phasen. Bald darauf erschließen sich einem die Quellen der »Zauberwörter«. Nun sollte man dazu Stellung beziehen. Sagen Sie: »Ich mag das Wort nicht« oder »Dieses Wort tut mir weh«, anstatt das Kind anzuklagen mit Äußerungen wie »Du bist aber böse« oder »Du bist ein freches Ding«. »Ich-Botschaften« nennt das der Psychologe. Die sollen einen in die Lage versetzen zu begreifen, wie es dem anderen geht mit dem, was man ausgelöst hat. Oft sind Kinder sich ja der genauen Wirkung nicht bewusst und verwenden das »Unaussprechliche« nur als ein interessantes, weil offenbar wirksames Wort. Auf die Frage »Warum?« genügt es völlig, wenn Sie bei Ihrer Aussage bleiben, dem Kind fest in die Augen sehen und Ihre Ansicht wiederholen. Liebesentzug, Vorwürfe und Strafen sind hingegen *nicht* angemessen. Denn wenn der kleine Räuber auf diese Weise besonders beachtet wird – etwa durch Schimpfen, Schreien oder Strafen – wiederholen sich solche Situationen; vor allem dann, wenn es zu Hause an *positiver* Aufmerksamkeit fehlt.

Eltern von heute sind als Kinder der 1968er-Generation oft besonders harmoniesüchtig. Wir hätten gerne eine ideale Familie in einer heilen Welt. Unsere Kinder können uns jedoch auch immer wieder fremd werden und Seiten entwickeln, mit denen wir nicht so gut zurechtkommen. Wenn diese Distanz auftritt, sollte sie keine Versagensangst in Ihnen schüren. Obwohl Sie alle Colts verbannt und Maxi gelehrt haben, er solle fantasievollere Schimpfworte, etwa »du uralte Salzbrezel« verwenden. Obwohl Sie ihm eingebläut haben, dass man niemanden hauen darf – und was der Litaneien mehr ist. Vergessen Sie darüber nicht selbst, dass Wut und Zorn auch wichtig sind, dass sie einem helfen können. Maxis Eltern wissen ganz genau, dass ein richtiger Schrei zur richtigen Zeit Wunder wirkt. Ständiges Genörgel ohne Konsequenzen und klare Aussagen hingegen bringen gar nichts.

- Versuchen Sie, aus dem Verhalten Ihres Kindes zu lesen, *wo* es in seinem schulischen oder Freundesumfeld steht, wie viele Hänseleien oder Siege es zu verzeichnen hat. Ist Ihr Kind problemlos zu einer Gemeinschaft fähig oder eher ein Einzelgänger? Lassen Sie Ihr Kind nicht allein in schwierigen Situationen. Es genügt nicht, sich darauf zu verlassen, dass ihre Kinder Probleme schon untereinander klären – sie brauchen unsere Hilfe.
- Bestätigt sich mit den Jahren der Eindruck, dass Ihr kleiner Räuber mit verbaler oder körperlicher Gewalt zurückhaltend bleibt, und hat er es nicht nötig, bei der kleinsten Kränkung sofort auszurasten – dann ist Maxi wahrscheinlich auf einem guten Weg.

# 10. Kapitel

## Mir ist so langweilig – ein Monolog

Sebastian leidet unter dem Langeweile-Syndrom. Dies äußert sich in schlaffer Haltung über dem Tisch, in wehleidig genuschelten Nörgeleien und motorischer Unruhe. Leider kein schönes Bild, das sich seinen Eltern darbietet – zumal sie es einfach nicht verstehen können. Denn Bastis Vater und Mutter gehören noch zu jener Generation, der es angeblich niemals langweilig war, weil sie noch wusste, wie man spielt. Nun, die Vergangenheit wird oft glorifiziert, und vielleicht haben wir manch gähnend langweiligen Nachmittag einfach aus unserem Gedächtnis gestrichen. Aber wie können wir unseren Kindern jenes hässliche und störende Gefühl ersparen? Was müssen sie selbst dazu beitragen? Welche Anregungen können wir ihnen bieten? Und schon sind wir wieder mittendrin, in unserem Haushalt, in unserem eigenen Freizeitverhalten. Und da herrscht mitunter durchaus das große Gähnen, gegen das auch die Glotze nicht immer Abhilfe hilft.

Vieles hat sich allein durch Fernsehen und Computer verändert. Es mag ja sein, dass Internet-Nutzer keineswegs sozial isoliert oder inaktiv sind – dennoch ersetzt die Spielkonsole nicht das richtige Leben. Reaktionsschnelligkeit ist

nicht alles! Um der Langeweile beizukommen, sollte jeder Mensch, ob klein oder erwachsen, etwas mehr als *eine* Lieblingsbeschäftigung haben. Wir können mithelfen, in unseren Kindern Ideen zu entwickeln, denn Kreativität ist das unübertroffene Heilmittel gegen die Langeweile.

- Sie werden einwenden: »Aber mein Kind hetzt doch andauernd vom Sportclub in die Reitstunde, vom Computerkurs zum Spiel mit Freunden.« Gute und wichtige Aktivitäten, keine Frage. Doch wo bleibt die freie Zeit, in der Kinder sich ihrer Fantasie überlassen könnten? Gibt es diese Zeit überhaupt, oder sind alle Räuber in Bastis Alter »verplant«, wie es allen Ernstes heißt, und stehen bereits unter immensem Zeit- und Leistungsdruck? Oft genug ja – und oft sind es die Großeltern, denen dieses Phänomen ganz besonders auffällt. Denn Basti wendet sich an sie und klagt: »Mir ist sooo langweilig.«

- Schön, wenn Eltern sich Zeit für ihre Kindern nehmen bzw. diese Zeit *ganz* ausfüllen. Jede Anregung nämlich, die ein Kind bekommt, wird in irgendeiner Form angenommen – selbst wenn die Zeit der Pubertätsrevolte naht. Doch sollten Sie auch darauf achten, dass die Fantasie geschult wird, z. B. im eigenständigen Auffinden von Lösungen, wenn etwas nicht ganz so klappt wie gewünscht. Manche Mütter können es kaum ertragen, wenn ihre geliebten Knaben unter allen Zeichen von Frustration mit einem Problem kämpfen. Ein gewisses Maß davon ist aber notwendig, um sich selbst Wege und Möglichkeiten zu erschließen. Bleiben Sie gelassen, auch wenn das selbst konstruierte Auto mal wieder unter dem Tisch landet. Vielleicht können Sie Ihrem Sohn von Forschern erzählen, die nach jahrzehntelanger Arbeit auf eine Erleuchtung im Traum hofften: Und siehe da, eines Nachts erschien zum Beispiel tatsächlich einem der beiden Herren Cricks und Watson auch die Gestalt unseres Erbgutträgers, der DNS …
- Nehmen Sie die »Arbeit« Ihres Kindes ernst und fördern Sie diese auch. Ein Baumhaus zu bauen stellt ja nicht nur gewisse Anforderungen an Statik oder technische Überlegungen. Nein, es dient auch als Ort für Zusammenkünfte im Freundeskreis. Oder: Mit Stoffen oder Materialien umzugehen macht Spaß und inspiriert vielleicht auch zu Rollenspielen. In Keller und Speicher schlummert dabei so mancher Schatz, den Kinder »bergen« können.
- Um so weit zu kommen, ist immer auch ein wenig Alleinsein notwendig und die Fähigkeit, mit sich selbst und

den Dingen etwas anzufangen. Bei manchen Kindern muss dies geübt werden. Für Charaktere wie Basti ist es nämlich schier eine Katastrophe, wenn er gerade keinen Spielkameraden findet. Sozial bedürftige Kinder reagieren stark auf Anregungen von außen. Doch ist wichtig zu wissen, dass das Alleinsein eine Quelle ganz anderer, neuer und spannender Wege sein kann. Auch wenn aller Anfang schwer ist: Ihr Kind wird mit der Zeit Geschmack finden an den Mußestunden mit sich selbst. Sätze wie »Jetzt setz dich hin und mach endlich mal!« motivieren allerdings niemanden.

- Fördern Sie jedes »künstlerische« Interesse. Selbst wenn Sie persönlich davon überzeugt sein sollten, dass Musikunterricht überflüssig ist oder dass in zehn Jahren ohnehin kein Mensch mehr ein Buch liest. Ihre Kinder aber brauchen beides dringend – und ganz allmählich spricht sich das auch wieder herum.
- Loben Sie die Anstrengungen Ihres kleinen Räubers, indem Sie konkrete Dinge an dem selbst gebastelten Abenteuerspiel ansprechen. Ein müde-freundlich-gleichgültiges »Das hast du aber schön gemacht !« ersetzt keine kurze Begründung, *was* daran schön oder praktisch ist. Falls nötig, hilft auch ein Tipp, wie Ihr Nachwuchskünstler sein Werk noch verbessern kann. Für alle Menschen gilt: Wir können nur lernen, indem wir Reaktionen bekommen. Die Freude, etwas zu gestalten, steht und fällt oft mit der Aufmerksamkeit, die uns gezollt wird – das ist bei Erwachsenen auch nicht anders. Niemand braucht

deshalb um den Kopf aus Pappmaschee herumzutanzen wie ums Goldene Kalb: Doch Sie können ihn kurz und ehrlich bewundern, weil das Ding ganz so aussieht wie die liebe Tante Sabine.

- Die starke Konzentration und die Anforderungen der Schule verlangen nach einem körperlichen Ausgleich. Deshalb ist ein gewisses Maß an freier Bewegung unerlässlich. Fehlt sie, schlägt sich das entsprechende Defizit anderswo nieder, nicht immer angenehm, wie wir wissen. Ein notwendiger Aggressionsabbau hat eine positive Wirkung – der Kopf ist wieder frei, der Körper entspannt.
- Vielleicht gibt es unter Bastis Freunden ja welche, die sich auch für kreative Aktivitäten interessieren. Warum sollte man nicht gemeinsam etwas aushecken und werkeln, anstatt sich vor der Flimmerkiste zu Tode zu langweilen? Denn es sind nicht unsere Geschichten, die darin erzählt werden, es ist nicht unsere eigene Fantasie, welche die Bilder erzeugt. So über- und unterfordert Fernsehen Kinder zugleich. Apropos Bilder: Lesen ist nicht nur etwas für Mädchen! Basti geht, seit er drei Jahre alt ist, in die Bücherei. Zuerst waren es Bilderbücher, die seine Mutter ihm vorlas, danach lernte er selbst ziemlich schnell lesen. Augenblicklich hält er sich an naturwissenschaftliche Bücher oder Abenteuergeschichten. Die Chancen, dass aus ihm ein einfallsreicher junger Mann wird, stehen gar nicht so schlecht …
- Fördern Sie auch die Ausdrucksfähigkeit Ihres Sohns. Wie man weiß, sind kleine Jungen in aller Regel nicht

ganz so sprachbegabt wie kleine Mädchen. Das hat etwas mit der Funktion der beiden Gehirnhälften zu tun. Also kann eine Extra-Ermutigung nicht schaden. Lehren Sie Ihren Sohn, Dinge zu beschreiben, damit Sie auf die Frage »Wie sieht denn deine Freundin Gabi aus?« nicht Antworten bekommen à la: »Na ja, links und rechts je ein Arm und beide Beine sind gleich lang, besonders das linke …« Lassen Sie Ihren Filius Gesichter beschreiben, Gegenstände oder Stoffe mit Worten analysieren, das Wetter beobachten und Auswirkungen schildern. Wie fühlt dieser Wind sich an? Was bedeuten die Wolken? Wenn ein Junge sich auch auf diese Weise die Welt zu eigen macht, steigt die Schwelle, hinter der die Langweile lauert. Dieses gefräßige Ding sagt immerzu: »Komm, unterhalt mich.« Und meint: Ich will konsumieren. Da heißt es handeln statt zum Handlanger der Ödnis zu werden …

- Keine Frage: Eltern sind nach einem anstrengenden Arbeitstag oft überlastet und haben nicht auch noch die Nerven, mit ihren Söhnen zu basteln oder die neue *Superstar-CD* anzuhören. Doch wenigstens am Wochenende sollte ein wenig Zeit füreinander sein! Ein Kind kann und will durchaus manchmal in häusliche Arbeiten einbezogen werden – es sei denn, man verleidet es ihm. Warum sollte Basti nicht lernen, wie eine Küchenuhr oder ein Lautsprecher funktionieren? Meist ist es eine (elterliche) Geduldfrage, ihn an derartige Tätigkeiten heranzuführen. Alle Kinder sind neugierig und wollen etwas wissen! Erst wenn man ihnen grundsätzlich mit einem

»Nicht jetzt« oder »Das verstehst du nicht« begegnet, versiegt ihr Wissensdurst. Zumindest den Eltern gegenüber, denn so eine Botschaft kommt nicht gut an.

- Basti hat wie jedes Kind Stärken und Schwächen. Das wird aus seinen schulischen Leistungen ersichtlich. Versuchen Sie, mit den Lehrern zu klären, wie man das Kind ganz konkret und spielerisch fördern kann. Denn nur so entwickelt es jene Energie und Konzentration, die für größere Aufgaben notwendig sind. Mit kleinen Schritten zur Disziplin ist der richtige Weg, wobei das Wort an sich keinen kleinen Räuber hinter dem Ofen hervorlockt. Anreize liefern und Vorbild sein, das sind die besten Methoden, um Talente zu fördern. Jedes Kind hat Begabungen – und wir meinen jetzt nicht diejenige, nach dem Essen wie durch Zauberhand zu verschwinden, bis der Selbstreinigungseffekt der Küche wundersam in Kraft getreten ist.
- Jetzt ist die Zeit, in der ein Kind Hobbys entwickelt, häufig gemeinsam mit Freunden. Also bieten Sie ihm auch reichhaltige Nahrung für Ideen: Münzen sammeln etwa eröffnet ihm die Chance, zugleich etwas über fremde Länder zu erfahren. Ein Leseausweis für die Stadtbibliothek, ein Abo fürs Naturkundemuseum, von Sport aller Arten ganz zu schweigen: Es gibt viel zu tun, packen Sie's an!
- Betrachten Sie ein Talent nicht unter dem Aspekt einer potenziellen Berufsrichtung, also unter praktischen oder gar wirtschaftlichem Gesichtspunkten, sondern vor allem als Möglichkeit, mit Kummer, Trauer und anderen

seelischen Erschütterungen besser umzugehen. Der Trost, den Ihr kleiner Räuber aus Musik, Malen oder jeder anderen kreativen Arbeit schöpfen kann, ist groß.

- In vielen Fällen braucht der kleine Räuber nur einen kleinen Ansporn, Interesse und Lob, um wieder in die Spur zu kommen, vorausgesetzt, er hat von Ihnen eine Portion Selbstvertrauen mitbekommen. Warum nicht Szenen aus einem Hörbuch nachspielen? Wieso nicht den Lego- oder Playmobil-Piraten auf dem Schiff einen Namen geben und nebst einer Persönlichkeit eine kleine »Biografie« zusammenspinnen? Rollenspiele sind immer wieder aufs Neue spannend: Der kleine Räuber alias »Schwarzer Ritter« kann sich ja auch mal, wenigstens theoretisch, in eine wundertätige Hexe hineinversetzen. Die Vielzahl von Computerspielen mit zauberhaftem Inhalt und natürlich die Harry-Potter-Bücher zeigen, dass Kinder wie auch Erwachsene ab und zu ein bisschen Abstand von der Realität brauchen.

## 11. Kapitel

# Schule, Schlaf und Sorgen

Dem 8-jährigen Matthias fällt das Zubettgehen so schwer. Alles, was er tagsüber nicht erledigt hat, muss er scheinbar in den Abend verlagern: Hausaufgaben, Lektüre und Spiel. Er durfte schon als Kleinkind immer ziemlich lange aufbleiben, was jetzt allerdings ein Problem wird. Denn morgens ist Matthias so müde, dass er erst in letzter Minute aus dem Bett krabbelt und sein Frühstück verschmäht. Seine Eltern können sich nicht vorstellen, dass das auf die Dauer gut tut, denn die Schule verlangt den Kindern viel ab. Und das ist es nicht allein: In letzter Zeit hat man beinahe das Gefühl, Matti ginge nicht besonders gerne dorthin. Doch wie mit notorischen Hausaufgaben-Vertagern, Nachteulen und Frühstücks-Verweigerern umgehen?

Das Fachblatt *Science* hat sich eingehend mit den Vorteilen von ausreichend Schlaf auf die Gehirnfunktionen beschäftigt. Fazit: Lerninhalte scheinen sich während der Schlafphase zu verfestigen. Das Gehirn »arbeitet« weiter, indem es die Informationen ins Langzeitgedächtnis verfrachtet. Ausreichend Schlaf in stressfreier Atmosphäre ist daher eine wichtige Voraussetzung für jeden denkenden

Menschen – und ein Schulkind muss ausgesprochen viel Kopfarbeit leisten. Nichts ist Routine in diesem Alter, die Anforderungen sind groß und wachsen beständig.

Ebenfalls entscheidend ist eine lernfreundliche Atmosphäre – also ohne Fernseher, Gesellschaft oder Ablenkungen. Von Lob und Bestätigung ganz zu schweigen. Falls Sie sich selbst nicht in der Lage sehen, Ihrem Kind diese Voraussetzungen zu bieten, suchen Sie nach Alternativen: einer Lerngruppe, abwechselnder Hausaufgabenhilfe, einer Ganztagsschule oder Förderunterricht.

- Auch wenn für Matthias die Erkenntnis ein bisschen zu spät kommt: Kinder sollten generell früher ins Bett. Es ist keinem Kleinkind damit gedient, wenn es bis elf Uhr nachts herumspringt und dabei völlig überdreht. Ich kenne Eltern, die allen Ernstes behaupten, sie könnten sich gegen den Willen ihres 4-jährigen Kindes in diesem Punkt nicht durchsetzen. Sollten Sie aber dringend, notfalls auch mit Tricks: Eine halbe Stunde kann das Kind noch allein oder mit Ihnen Bilderbücher ansehen oder seine Lieblingskassette hören. Aber nichts mehr wird erlaubt, was aufputscht oder aufpulvert.
- Erzählen Sie Matthias vom gesunden Schlaf und was er bewirkt. Jeder Mitarbeiter eines Schlaflabors wird Ihnen das bestätigen. Vielleicht können Sie sogar mal eines gemeinsam besichtigen. Adressen finden Sie im Internet unter http://www.medizin-forum.de unter dem Suchbegriff »Schlaflabor«.
- Schlafen und Träumen bergen viele Geheimnisse. Vor allem das, was unser Gehirn im Schlaf leistet, verarbeitet und auf den Weg bringt, ist längst noch nicht hinreichend erforscht. Wir Eltern können nur dafür sorgen, dass Nachtruhe auch gute Umstände vorfindet. Ein fester Rhythmus während der Schulzeit, der nicht von MTV diktiert wird. Ein gelüftetes, gemütliches Zimmer, eine kuschelige Ecke, in der das Kind sich entspannen kann. Ein Geborgenheit vermittelndes, warmes Licht. Stille.
- Auch wenn Sie selbst ein bekennender Frühstücksmuffel sind: Hirnarbeiter brauchen dringend Nahrung! Ein

Schokocroissant, in der großen Pause hastig hinuntergeschlungen, oder eine lappige Wurstsemmel zu Mittag sind von eher minderer Qualität und liefern nur wenig Energie. Nehmen Sie sich die Zeit, ein kleines Schulkind braucht sein Frühstück noch nicht selbst zuzubereiten. Hier als Anregung ein bewährter Speiseplan: ein Schälchen buntes Obst – das macht munter und liefert Vitamine. Danach ein mit Honig gesüßtes Müsli mit Haferflocken, Nüssen, Sonnenblumenkernen, Joghurt oder anderen Zutaten – keine zuckerstarrenden Zerealien aus der Packung. Tee mit Milch oder Orangensaft oder eine schöne heiße Tasse Kakao.

- Je nach häuslicher Situation kann die Familie gemeinsam frühstücken, zu Mittag oder zu Abend essen. Mindestens eine gemeinsame *warme* Mahlzeit pro Tag sollte sein. Das vermittelt Zusammengehörigkeit und gewährleistet eine ausgewogene Ernährung, um nur zwei Gründe zu nennen, die gute schulische Leistungen fördern.
- Wann und wie sollen Kinder ihre Hausaufgaben machen? Immer wieder wird deren Sinn bezweifelt. In diese Thematik wollen wir aber hier nicht einsteigen. Doch was sein muss, muss sein – da hilft auch kein empörtes Schimpfen am Küchentisch. Sprechen Sie mit den Lehrern, regen Sie Förderunterricht oder Hausaufgabeninitiativen an, falls Sie das Gefühl haben, Ihr Sohn könnte Hilfe brauchen. Ihr kleiner Räuber soll ruhig selbst entscheiden, wann er seine Hausaufgaben macht – innerhalb eines bestimmten Zeitraumes natürlich.

- In dieser Zeit allerdings sollte ein fester Platz fürs Arbeiten vorgesehen sein und Ruhe herrschen. Ob das nun der Kinderschreibtisch, der Esstisch oder der Teppich ist – lassen Sie Ihr Kind selbst experimentieren. Es ist besser, die Konzentration zu bündeln – also wird der Discman einstweilen konfisziert. Je eher dies geschieht, desto besser: *Jetzt* ist es an der Zeit, Weichen für künftiges Lernverhalten zu stellen.
- Lernen kann tatsächlich Spaß machen. Vokabeln z. B. kann man sich spielerisch erarbeiten. Etwa, indem man ein Männchen in entsprechender Farbe malt und beschriftet – die zehn Minuten Lernen mit Zeichnen war bei unseren Latein-Nachhilfeschülern immer willkommenes Gaudium. Bestätigung ist das A und O – und wenn wir sehen, dass unser Kind sich Mühe gegeben hat, so sollten wir das nicht als selbstverständlich abhaken. Die Schulzeit bietet genug Herausforderungen: Also federn Sie manchen Frust ab, indem Sie ein schlecht benotetes Bild schön finden. *Alles* zu loben bringt allerdings auch nichts. Ein lustlos hingekritzeltes Etwas ist eben nichts anderes als *genau* das.
- Finden Sie zusammen mit Ihrem Kind seine Stärken und Schwächen auf: in Form einer Liste mit vielen bunten Punkten. Erzählen Sie Ihrem kleinen Räuber von berühmten Menschen und dass auch sie lernen mussten, mit Rückschlägen und Entmutigungen zu leben. Ein legendäres Beispiel ist Albert Einstein.
- Fächer, die wenig interessant erscheinen, können durch entsprechende häusliche Aktivitäten durchaus gefördert

werden. Biologie oder Geschichte etwa – besichtigen Sie am Wochenende ein Steinzeitdorf, gönnen Sie sich einen Historienschinken (achten Sie auf die Armbanduhr des Trompeters und die Turnschuhe eines Teilnehmers in der Kriegswagen-Rennszene bei »Ben Hur« !). Ist erst ein zweckfreies Interesse geweckt, so lernen Kinder lieber und leichter.

- Matthias gehört zu den Charakteren, bei denen gerne die anderen an allem schuld sind – natürlich auch die Lehrerin. Seine Mama aber kennt ihren kleinen Räuber und denkt nicht daran, ihm das so ohne weiteres durchgehen zu lassen. Immerhin muss er begründen, warum die Lehrerin angeblich doof ist. Machen Sie ihm klar, welchen Anteil er selbst an einer misslichen Situation trägt, aber tun Sie das einfühlsam, um eine konstruktive Lösung zu finden. Vielleicht müssen Sie Matti etwa dabei helfen, seine Unterrichtsutensilien am Vorabend rechtzeitig und vollständig zu packen, damit die Diskussion um vergessene Schulbücher oder Zeichenpapier aufhören. So etwas kann viel unnötigen Ärger verhindern helfen. Gibt es jedoch in der Tat Anzeichen dafür, dass er ungerecht behandelt wird, dann ist ein klärendes Gespräch notwendig.
- Werden Kinder systematisch gehänselt, ist das schlimm und sollte nicht ohne Reaktion bleiben. Meist sind es Kinder in einer gewissen Außenseiterposition (schüchtern, komisch gekleidet, Brille, um nur ein paar Klischees zu nennen). So einem bedauernswerten Menschlein stehen immer mehrere innerhalb einer Gruppe und meist von einem An-

führer »akzeptierte« Kinder gegenüber. Diese Situation endet in einem Teufelskreis, wenn sich das betreffende Kind nicht wehrt und sein Selbstwertgefühl immer tiefer in den Keller sinkt. Doch wie soll es reagieren? Was kann man tun bei einem Sorgenkind? Wenn Sie das Gefühl haben, Ihr kleiner Räuber ist in eine solche Situation geraten, helfen vielleicht die folgenden Hinweise:

a) Das Kind aufmerksam beobachten, es aus der Schule erzählen lassen. In aller Regel zeigt sein Verhalten, ob dort soweit alles in Ordnung ist. Kinder, die unter Stress stehen, entwickeln psychosomatische Symptome. Falls Ihr Sohn dauernd Bauchschmerzen hat oder gerne krank ist – weil er dann nicht zur Schule muss –, sollten Sie hellhörig werden. Versuchen Sie herauszufinden, was los ist, und sprechen Sie mit dem Kind. Vielleicht überlegen Sie sich eine ganz ähnliche Geschichte von einem Jungen, der gehänselt wird und der sich Strategien überlegt.
b) Etwa diejenige, dass ein (später weltberühmter) Verhaltensforscher aus einer ähnlichen Situation heraus seine Mitschüler so studierte, als seien sie Hamster im Käfig. Er beobachtete, was sie taten und wie sie unter bestimmten Voraussetzungen vorhersehbar reagierten. Lassen Sie Ihren kleinen Räuber zum Beispiel im Anhang an diese Geschichte Notizen machen, darauf Intensität und Häufigkeit der Hänseleien verzeichnen. Die Beobachtungen könnten in etwa so aussehen: *Wer* ist der schlimmste, *wer* fängt an, *wer* fällt in den Chor ein,

c) *wem* ist das unangenehm, etc. Und schließlich können Sie gemeinsam Schlüsse über die Motive der Kinder ziehen. Wichtig ist, dass die Figuren Ihrer Geschichte Parallelen mit der realen Situation aufweisen, dass ein positiver Ansatz gefunden wird, bei dem sich das Opfer zu wehren beginnt und seine Grenzen klar aufzeigt.

d) Ignorieren ist auch nicht schlecht. Denn die anderen testen ja aus, wann und wie zuverlässig sich jemand provozieren lässt. Tut er das einfach nicht oder mustert er denjenigen, der ihn verbal piesackt, nur mit allergrößtem Staunen, so ist das meist sehr wirksam. Oft genug sind andere Mitschüler neidisch auf ein Kind, vielleicht weil es die Zuwendung bekommt, die ihnen fehlt. Versuchen Sie, auch diesen Aspekt anzusprechen.

e) Die jüngsten Vorkommnisse an Schulen haben gezeigt, wie schnell Machtspielchen eskalieren. Die Gründe: Lehrer, die überfordert wegsehen, Opfer, die sich keinem anvertrauen können, Mitläufer und gewaltbereite Schüler, die keine Grenze akzeptieren. Lehrer wie Eltern stehen hier vor großen Herausforderungen, damit die Kinder lernen, wie sie Konflikte gewaltfrei lösen.

f) Wo ist eigentlich der Satz »Finger weg, der steht unter meinem Schutz« abgeblieben? Gäbe es ihn noch, so könnten größere Schüler eine Art Patenschaft für ein unterlegenes Kind übernehmen. Da mittlerweile die Gesellschaft für diese Problematik sensibilisiert ist, könnte ein entsprechender Vorstoß seitens der Eltern durchaus auf Akzeptanz stoßen.

# 12. Kapitel

## Waschphobie und Eitelkeit – eine Seifenoper

Nachdem der 8-jährige Tommy jahrelang nicht wirklich Freude am Umgang mit Wasser und Seife hatte und des Öfteren zu seinem Wannenglück gezwungen werden musste, scheint nun eine Wandlung stattzufinden. Die neue Ära wird eingeleitet mit einer Tube dickflüssigen, trüben Inhalts - Haargel nämlich. Und da er in der Dosierung nicht kleinlich ist, finden sich zahlreiche Spuren davon an allen Ecken und Enden. Aha, denken sich die Eltern schmunzelnd bis entnervt, was steckt dahinter? Eine erste Liebe vielleicht? Oder ist einfach nur jene Zeit vorbei, da man sich nicht nur fühlte wie ein Räuberhauptmann, sondern auch so aussah und allen Ermahnungen zum Trotz auch so roch? Wie aber geht das nun weiter? Entwickelt unser Sohn jetzt ein Faible für Markennamen und diktiert unserem Geldbeutel, wo es langgeht?

Nachdem ja ziemlich viele Kinder, auch was die Körperhygiene betrifft, in einer Art unschuldigem Urzustand verharren wollen, können wir uns freuen, wenn sie von selbst die Initiative ergreifen. Das ist auch daran festzustellen,

dass unser teures Aftershave oder der Deostick plötzlich einen unerklärlichen Schwund aufweisen. Verdunstet? Aber damit, lieber Tommy, ist es leider nicht getan – sich einfach in eine Duftwolke hüllen, und den Rest sieht sowieso keiner (In Amerika nennt man das treffend *college shower*, wenn man gut riechen, aber nicht duschen will).

Leider bugsiert sich so manch kleiner Räuber allein durch seine Erscheinung ins Abseits. Allerdings gibt es einen Unterschied zwischen einem gewissen Laisser-faire in Sachen Kämmen, Waschen, Klamotten oder Manieren und einer regelrechten Verwahrlosung. Solche Kinder werden gehänselt, ausgegrenzt und sind von vornherein in der Verliererposition. Das ist dann sozusagen die Kehrseite der Medaille. Mit beiden Aspekten wollen wir uns hier beschäftigen.

- Nachdem Sie Ihren Jungen bisher mit Engelszungen davon überzeugten, dass etwas Wasser seiner Haut nicht schadet, sollten Sie sich freuen, wenn jetzt die Verpuppung einsetzt. Vielleicht wird ja doch ein ganz ansehnlicher Schmetterling aus ihm. Daher ersparen Sie sich besser launige Kommentare. Es ist anzunehmen, dass etwas von außen her eingewirkt hat: Entweder eine Verliebtheit, diverse Hänseleien oder ein »Der stinkt doch« – oder dass Tommy zum ersten Mal mit jähem Kummer begriffen hat, dass sein Freund besser aussieht als er. Was es auch immer sei: *Ihre* Argumente waren es vermutlich nicht.
- Nun aber greifen Sie beherzt nach diesem Schopf unverhofften Glücks und versuchen, ein paar Grundregeln zu etablieren. Nie wieder wird die Gelegenheit so günstig sein! Das Zähneputzen nach jeder Mahlzeit und der Gebrauch von Zahnseide gehören dazu. Ebenso morgens das Gesicht zu waschen, es wird dadurch nicht nur hübscher, sondern auch frischer. Sonst wacht man erst gar nicht richtig auf. Hände waschen nach dem Gang zur Toilette und einigermaßen gepflegte Fingernägel sind ein Muss. Und auch, dass man Klamotten wechselt, ehe sie nach einem riechen ...
- Wieso locken Sie Ihr Kind nicht? Warum nicht mit einer kleinen »Serie« und einem eigenen Platz im Alibert? Das kann ein Deo sein nebst Duschbad oder einem passenden Shampoo. Es muss nicht viel kosten, wichtig ist, dass es »erwachsen« aussieht. Als Eltern eines Sohnes wünschen Sie sich doch sicher auch, dass ihn die Mädels in

absehbarer Zeit lecker finden. Also klären Sie ihn beizeiten auf, woher jener entsetzliche Geruch in seinem Zimmer kommt: von den alten Socken unter seinem Bett und der achtlos abgelegten Unterhose mit »Bremsspuren«. Deodorierte Einlagen oder Fußbäder schaffen bei Schwitzfüßen Abhilfe. Und Intimhygiene verhindert nicht nur die Ausbreitung »dufter« Bakterien, sondern vermeidet auch Hautreizungen.

- Gehen Sie beide mit gutem Beispiel voran – ganz besonders der Vater, den der Sohnemann leider auch in seinen Nachlässigkeiten gerne imitiert. Legt der Herr Papa wenig Wert auf sein Äußeres, so brauchen Sie sich nicht zu wundern, wenn der Filius sich damit ebenfalls nicht lange aufhält. Falls in Ihrem Badezimmer also Nachholbedarf besteht, sagen Sie Ihrem Partner klipp und klar, dass er nicht nur Vorbild für das Kind ist, sondern dass Sie auch das Recht auf einen gepflegten Mann haben.
- Nun zu den Kleidern. Versuchen Sie nicht, dem Kind Ihren Geschmack aufzuzwingen. Lange genug hat es klaglos getragen, was man ihm gab. Damit ist es nun vorbei. Fragen Sie Ihren Sohn, was und warum ihm etwas gefällt. Stellt sich heraus, dass alle in der Klasse ein bestimmtes Teil tragen, sollten Sie ihm den alten Spruch: *Trend erkannt – Trend vorbei* nicht vorenthalten. Manches Accessoire wird allerdings sein müssen, auch im Interesse Ihres Kindes. Jeder von uns kannte doch einen in der Klasse, dem die Mama die Pullis herauslegte – und der hatte es nicht schön ...

- Machen Sie jedoch auch Ihren Budgetplan unmissverständlich klar. Vielleicht haben Sie jeden Monat eine bestimmte Summe für Kleidung eingeplant. Ihr Kind sollte darum wissen, dass nicht alles und sofort finanziell möglich ist! Es sollte erfahren, dass es auf die Dauer in der Mode sowieso auf kreative Lösungen ankommt. Wären mutige Leute nicht eines Tages nach Marlon Brandos Vorbild mit ihren Unterhemden auf die Straße gegangen, so gäbe es heute kein T-Shirt.
- Je nachdem, in welchem Umfeld Ihr Sohn sich bewegt, kann es problematisch sein, wenn er aus finanziellen Gründen modisch nicht mithalten kann. Ermöglichen Sie ihm, einen Trend mitzumachen; aber niemand braucht ausstaffiert zu sein wie ein Model. Und ggf. muss der Sohn durch einen kleinen Nebenjob einen Beitrag zur teuren Snowboardjacke leisten. Etwas, das man nicht wie selbstverständlich bekommt, steigt im Wert, und man geht auch pfleglicher damit um.
- Wichtig ist nur, dass das Selbstbewusstsein Ihres kleinen Räubers nicht allein auf seinem Äußeren basiert, sondern vor allem auf seiner Persönlichkeit. Kinder brauchen Lob und das Gefühl, so gemocht zu sein, wie sie sind. Wir wissen, wie leicht solche Regeln dahingesagt sind und wie viele Kinder dieses Gefühl nicht oder viel zu wenig kennen. Deshalb ist es sehr wichtig, schon in der frühen Kindheit eine solche Akzeptanz und Geborgenheit zu vermitteln. Man muss nicht schön oder »in« sein, um geliebt zu werden oder ein anziehender Mensch

zu sein – gepflegt jedoch durchaus. Und Charme hat rein gar nichts mit gängigem »gutem Aussehen« zu tun.

- Sie lieben Ihren Sohn so, wie er ist. Beobachten Sie ihn dennoch immer auch einmal wieder wie ein fremdes Kind, das sie eben erst kennen lernen. Nicht immer hören wir gerne, was uns da zu Ohren kommt: Etwa, dass auch Ihr Junge einen Außenseiter in der Klasse hänselt. Versuchen Sie, Ihrem Kind Einfühlsamkeit (Empathie) zu vermitteln und die damit verbundene Fähigkeit, sich in andere hineinzuversetzen. Die Ich-AG ist nämlich auf Dauer keine Lösung. Bieten Sie, falls gewünscht, Nachhilfe in Stilfragen an.
- Auch wenn diese Haltung unpopulär ist: Wir brauchen geltende Regeln im Miteinander. Wir Eltern stehen als erste in der Pflicht. Zeigen und begründen Sie Ihrem Kind, dass Arroganz ein hässlicher Zug ist. Erzählen Sie ihm, dass wir in der Schule durchaus auch mal die als Kumpels gewählt haben, die zunächst keiner mochte und die oft als Außenseiter verlacht wurden: Es waren wunderbare Menschen darunter, die bis heute treue Freunde sind.
- Eitelkeit in allen Ehren – doch der Junge verbringt so viel Zeit vor dem Spiegel, dass man sich schon Gedanken macht, ob er Maskenbildner werden möchte. Keine Sorge: Lieber zu viel als zu wenig. Die Zeiten werden kommen, da sie sich die Haare hellgelb färben oder sich die Nasenflügel piercen lassen, um in ihrer Gruppe »schön« zu sein. Sollte schon jetzt der sehnlichste Wunsch nach einem Tattoo bestehen, könnten Sie ja dagegen ar-

gumentieren, dass mittlerweile der auffällt und somit Aufmerksamkeit genießt, der noch keines hat.

- Mit körperlichen Unzulänglichkeiten anderer umzugehen erfordert Taktgefühl. Auch Sie werden wissen, dass es damit oft nicht weit her ist. Aber so verletzlich und empfindlich wie unsere kleinen Räuber sind die anderen eben auch. Unangenehme Dinge sagt man jemandem unter vier Augen, das gilt für Ihren Sohn wie für den Außenseiter der Klasse gleichermaßen. Jemanden vor allen bloßzustellen und damit zu demütigen, ist nicht akzeptabel. Man kann sagen: »Du solltest dich öfter waschen, du riechst nicht gut.« Vielleicht sagen Sie Ihrem Sohn als Mutter – und damit auch Frau –, dass Mädchen in aller Regel nicht auf ungepflegte Jungs stehen. Sind Sie mit dem müffelnden Tommy allein, so können Sie auch ganz unverblümt mitteilen: »Junge, du STINKST.« Manchmal müssen die harten verbalen Bandagen her – aber Humor sollte solche Situationen entschärfen. Und lieber sprechen Sie die Dinge unverblümt und liebevoll an, als dass andere hinter seinem Rücken über ihn lästern.
- Weigert sich Ihr Kind dennoch hartnäckig, sich zu waschen, sollten Sie sich darum kümmern, welche Ursachen einer solchen »Selbstverwahrlosung« zu Grunde liegen könnten. Ist er von jemandem zurückgewiesen worden und nun in eine deprimierte Stimmung geraten, in der er nicht auf sich achtet? Oder hat er Probleme, für die er mit diesem Verhalten einen Ausdruck zu finden sucht? Ist es eine Phase oder sucht er den Affront, eine

bestimmte »negative Aufmerksamkeit«? Herrschen in der Schule Spannungen, mit denen Ihr Kind nicht zurechtkommt? Findet es sich etwa hässlich, weil es »zu klein, zu dick, Brillenträger, etc.« ist oder sich sonst irgendwie benachteiligt fühlt? Wie wir unseren Körper behandeln, sagt viel über unsere Sicherheit und Identität aus.

Manchen Problemen ist leicht abzuhelfen: z. B. mit einer hübscheren Brille oder eben mehr Sport und weniger schlechten Essgewohnheiten zum Abnehmen. Seine Körpergröße kann man nicht ändern – ein kleinerer Junge wird vielleicht eine Portion mehr Selbstsicherheit brauchen. Gibt es nicht genug kleine Leute, die allerhand bewegt haben – von Picasso über Aristoteles Onassis bis hin zu Woody Allen? Auch Tom Cruise ist kein Riese. Aber nehmen Sie das Leid Ihres kleinen Räubers ernst. Sagen Sie nicht: »Ach, das macht doch nichts.« Streichen Sie seine Stärken heraus, ohne die Schwächen zu verniedlichen. Hier ist der Vater gefragt, der vielleicht mit seinem Sohn Gespräche über Männlichkeit führen sollte, bevor der nur die Revierkämpfe der Ellbogentypen als Vorbild nimmt. Natürlich sollte der Junge auch erfahren, wie Frauen und Mädchen »Männlichkeit« begreifen. Fragen Sie doch nach und verraten Sie's ihm! Dass es so etwas wie Charme und Erfolg gibt, die weitgehend nicht vom Aussehen abhängen, lernt unser Junge erst später. Im Moment heißt es leider: *Nicht auffallen, sonst ist man fällig.* Wir können ihn nur zu lehren versuchen, mehr Mut zu sich selbst zu haben.

